本书获广东省“211工程”三期重点学科建设项目“应急管理理论与实务”基金资助

应急管理理论与实务丛书

品牌危机管理

——基于品牌关系视角的研究

卫海英 等著

暨南大學出版社
JINAN UNIVERSITY PRESS

中国·广州

图书在版编目（CIP）数据

品牌危机管理：基于品牌关系视角的研究／卫海英等著．—广州：暨南大学出版社，2011.8

（应急管理理论与实务丛书）

ISBN 978-7-81135-827-8

Ⅰ．①品…　Ⅱ．①卫…　Ⅲ．①品牌—企业管理　Ⅳ．①F272.3

中国版本图书馆 CIP 数据核字（2011）第 075432 号

出版发行：暨南大学出版社

地　址：中国广州暨南大学

电　话：总编室（8620）85221601

营销部（8620）85225284　85228291　85228292（邮购）

传　真：（8620）85221583（办公室）　85223774（营销部）

邮　编：510630

网　址：http：//www.jnupress.com　http：//press.jnu.edu.cn

排　版：暨南大学出版社照排中心

印　刷：湛江日报社印刷厂

开　本：787mm×960mm　1/16

印　张：11.125

字　数：217 千

版　次：2011 年 8 月第 1 版

印　次：2011 年 8 月第 1 次

印　数：1—2000 册

定　价：25.00 元

总 序

我国正处在社会转型与体制转轨、机遇与风险并存的社会高风险期，加上各种自然灾害与人为事故纠结在一起，在社会急速变化的过程中，各类公共危机问题被迅速地集中和放大，蕴涵着不可忽视的各类风险。金融、环境、信息、流行疾病、民族分裂主义、自然灾害等非传统安全因素已成为威胁国家安全的组成部分，这些非传统安全危机深刻地考验着中国政府的执政能力。面对非传统安全危机，加强执政能力建设，趋利避害，化解风险，已成为中国政府长期面临的重要课题。从2006年1月国务院颁布《国家突发公共事件总体应急预案》起，就意味着战略性地应对公共危机已擢升至国家高度。

“突发公共事件”是指突然发生，造成或者可能造成重大人员伤亡、财产损失、生态环境破坏和严重社会危害，危及公共安全的紧急事件。随着各国社会经济的快速发展，各类突发公共事件的危害日益突显。突发公共事件主要分为自然灾害、事故灾难、公共卫生事件、社会安全事件四类；按照其性质、严重程度、可控性和影响范围等因素分成四级，特别重大的是Ⅰ级，重大的是Ⅱ级，较大的是Ⅲ级，一般的是Ⅳ级。一国政府应对突发公共事件的能力已经成为评价其执政、施政能力的重要绩效标准。

北京大学丁元竹教授曾把中国社会的风险归结为十个方面：就业、“三农”、金融、贫富差距、生态与资源、台湾、全球化、国内治理危机、信心和诚信、艾滋病和公共卫生。

这是当代后发展国家现代化、城市化荆棘之路的共性，也是正在进行追赶型、跨越式发展的中国社会不得不面对与思考的问题。能源安全、环境安全、生态安全、金融安全、网络安全、信息安全、卫生安全、文化安全等涉及社会生活的多个领域，具有隐蔽性、危险性、突发性和非确定性的特点。进入21世纪以来，各种自然灾害、事故灾难、公共卫生事件、社会安全事件等频频发生，往往使国家遭受严重损失。研究社会转型期各类重大的突发公共事件和社会经济风险与自然条件状态下的各种自然灾害及次生灾害所带来的应急管理问题，提高突发公共事件应急管理能力成为政府不可回避且具有刻不容缓意义的现实课题。

中央综治办主任陈冀平曾指出，从目前的社会形势看，新的社会矛盾将不断产生，原有的一些社会矛盾可能随之凸显，并呈现出经济领域的新矛盾与其他领域的矛盾相互影响、相互作用的局面，主要表现为涉及农村土地征用、城镇房屋拆迁、国有企业改革、部分军队退役人员等方面的信访问题仍然十分突出，非法集资、股市房市受损、高校毕业生就业、医疗、养老、环境污染、城市公共服务与管理等诱发群体性事件的因素也正在增多。由经济纠纷引发的暴力讨债、绑架、哄抢等“民转刑”案件可能更加突出，流动人口犯罪、多发性侵权犯罪和非法集资等涉众型经济犯罪可能更加突出，城市社会治安问题向农村蔓延扩散的趋势可能更加突出，尤其是个人极端事件有可能进一步增多，治安问题的敏感性将会进一步增强，一起普通的刑事案件或治安案件有可能转变为社会热点问题，甚至诱发其他矛盾和问题。

近50年来，世界经济发展步伐加快，在石化能源体系支撑下的高碳工业，形成了火电、石化、钢铁、建材、有色金属等工业，并由此衍生出汽车、船舶、航空、机械、电子、化工、建筑等行业。气候变化主要是由人为活动排放的二氧化碳、甲烷、氧化亚氮等温室气体造成的。全球变暖的后果是冰川融化、海平面上升、生态系统退化和自然灾害频发。从企业应急管理和长远视角来看，企业外部市场变幻莫测，内部管理与控制日趋复杂。外部风险包括市场风险、竞争风险；内部风险则包括品牌风险、战略风险、文化风险、团队风险、领导人风险、财税风险、舆论风险、法律风险和技术风险等。

马凯在《求是》杂志中撰文指出：我国正处于工业化、城镇化快速发展时期，各种传统的和非传统的、自然的和社会的风险、矛盾交织并存，公共安全和应急管理工作面临的形势更加严峻。归纳起来，应急管理面临的态势包括四个方面：一是自然灾害处于频发期。我国是世界上自然灾害最为严重的国家之一，灾害往往具有种类多、分布地域广、发生频率高、造成损失重等特点。特别是近年来，极端气候事件频发，中、强地震呈活跃态势，自然灾害及其衍生、次生灾害的突发性和危害性进一步加重、加大。二是安全生产形势严峻。我国经济发展较快，能源、资源、运输供给长期偏紧，再加上安全生产基础薄弱，一些地方和企业责任不落实、监管不到位，生产安全事故发生率居高不下，重、特大事故时有发生。三是公共卫生事件防控难度增大。公共卫生事件的诱因和影响都呈较强的国际性特点，全球新发的三十多种传染病已有半数在我国出现，重、特大疫情和群体性不明原因疾病时有发生。随着人口流动量的加大和流动速度的加快，疾病的防控难度加大，造成的损失更加严重。而在食品、药品生产经营中市场秩序混乱、源头污染严重、监管力量薄弱等问题尚未得到根本解决。四是社会安全面临新的挑战。

我国改革和发展进入关键阶段，各种利益关系错综复杂，国家安全面临的形势更加复杂严峻，维护社会稳定的任务更加艰巨。对当前国际金融危机造成的重大影响和可能引发的各类突发公共事件，我们要有充分的准备。2008 年 3 月 14 日，少数不法分子在西藏拉萨制造了打砸抢烧暴力事件，烧死或杀死藏汉群众 18 人，给当地人民群众生命和财产安全造成重大损失。之后，2009 年乌鲁木齐“7・5”打砸抢烧严重暴力犯罪事件又造成 197 人死亡，其中绝大多数是无辜群众。这场打砸抢烧暴力事件的发生，是由以热比娅为首的境外敌对势力和境内极少数人极力炒作广东韶关旭日玩具厂群殴事件，把一个一般的治安案件说成民族事件，从而极力煽动民族仇恨所致的。虎年春节期间，山西省的晋中、太原、吕梁、长治、晋城、阳泉等地区，到处都是地震将发的议论，一场大规模的群众恐慌在山西蔓延。2010 年 2 月 20 日晚至 21 日凌晨，许多山西人离家，躲避在广场、公园等地，夜不归宿，甚至开车逃往外乡。许多山西人在户外度过了一个不眠之夜。造谣人利用网络传播大地震谣言，而政府机构最初也处于一片迷乱中，直到 21 日早晨，山西省政府及各地区地震部门通过媒体及移动通信转达了政府公告，称群众这次避震行动是为谣言所惑，要广大群众安心。诸如此类的民生事件，实则是 2007 年哈尔滨水污染事件中短信传播哈尔滨要大地震的翻版，对于非常事件与突发事件，应该由民调机构和覆盖面广的大众媒体联合发布，以正视听。

应急管理是指政府及其他公共机构在突发公共事件的事前预防、事发应对、事中处置和善后管理过程中，通过建立必要的应急机制，采取一系列必要措施，以保障公众生命和财产安全，促进社会和谐、健康发展的有关活动。佐治亚州州立大学著名应急管理学家威廉・L. 沃认为:“应急管理就是对风险进行管理，以使社会能够与环境或技术危险要素共存，并应对环境、技术危险要素所导致的灾害。”应急管理是对突发公共事件的全过程管理。根据突发公共事件的预警、发生、缓解和善后四个发展阶段，应急管理可分为预测预警、识别控制、紧急处置和善后管理四个过程。应急管理又是一个动态管理过程，包括预防、准备、响应和恢复四个阶段，均体现在管理突发公共事件的各个阶段。

应急管理是一个完整的系统工程，可以概括为“一案三制”，即突发公共事件应急预案，应急机制、体制和法制。以政府应急管理为主线，围绕政府应急管理决策层次、技术管理层次、社会动员与响应机制等层次展开研究，达到在紧急状态下各行为主体凝聚人心、从容应对、缓解危机、减少缺失的效果。政府危机管理即政府在公共危机事件发生之前、发展过程之中和后危机时期，为减少和消除危机造成的危害和损失，根据危机管理计划和程序而对危机直接采取的对策及管理措施。政府应急管理是在政府常态型危机管理基础上的紧急状态的管理，各种信息资源、物质资源、人力资源如何高效配置与有效运筹，如何防止灾害的蔓延与次生灾害的扩大等，均是政府应急管理在紧急状态下需要解决的关键问题。我国正处于经济体制和经济增长方式双重转轨的特殊时期，存在着诱发公共危机的潜在的制度及非制度因素。高度重视公共危机管理、建立公共危机的预警机制和政府干预公共危机体系尤为必要。应急管理的基础是常规性政府危机管理，只有基础性工作常抓不懈，才能在紧急状态下临危不乱。

发达国家十分重视突发公共事件应急管理的研究，其研究范围覆盖了灾害或危机产生、发展、消亡的整个过程。日本是较早开展城市应急管理研究的国家，研究的领域和能力不断拓展，研究的水平处于世界前列。美国也在“9·11”事件发生后，组建了部级的美国国土安全部（DHS），标志着美国国家级突发公共事件应急管理体系从“综合应急管理”提升到“国家安全应急管理”的高度。相关国际组织也非常重视突发公共事件应急管理。联合国第二届世界减灾大会发表的《兵库宣言》要求各国将防灾减灾、保障国民生命和财产安全“作为国家的第一责任”，并将“确保减灾成为各国政府部门的工作重心之一”列为《兵库行动框架》（2005—2015 年）提出的五个行动重点之一。世界各国的政府部门、学术团体和专门机构已经开始从事各种针对突发事件的预防、监测、预报、识别、测定、控制、应急预案制定、事发时的快速反应及救灾、灾后的快速评估与重建的研究。

美国的乔治·华盛顿大学、马里兰大学、北达科塔州立大学和加拿大的尼加拉瓜学院等国外大学，在一些领域均有较为系统的研究，包括危机与应急管理，流行病及预防医学，危机和应急管理中的信息技术、自然、技术危害以及恐怖袭击之风险管理，大规模恐怖行动的预防和反应，危机管理、灾后重建以及组织持续，减灾管理，健康与医疗应急管理。上述研究系统地对政府层面与技术层面的公共危机与应急管理技术提供了强有力的理论指导。

公共危机与突发事件已成为构建和谐社会和可持续发展的重要隐患，越来越引起社会各界对如何有效应对突发事件、妥善预防和处理危机的高度重视。2006年1月国务院颁布《国家突发公共事件总体应急预案》，象征着从战略上应对公共危机已被提升至国家高度。中央进一步明确提出，要建立健全社会预警体系，提高保障公共安全和处置突发事件的能力。2007年8月，全国人大常委会通过了《中华人民共和国突发事件应对法》。汪永清、莫于川、韩大元等学者对该法进行了解释。一些学者则比较研究了国外紧急状态下的法律制度，如徐高、莫纪宏等。目前，我国的研究基本上处于介绍国外经验，对我国应急管理存在的问题及对策等事实进行描述和提出对策措施的研究为主的阶段，而上升到法理以及制度比较研究尚欠深入，难以对应急管理的依法行政提供充分的理论支持。另外，对危机处理研究较多，对事后重建和救济研究较少，不利于依法规范政府行政行为，实现缓解公众利益和私人利益的矛盾、维护社会稳定的目的。

关于灾害及突发公共事件应急工程的研究国内外已经积累了大量的研究成果。从第一个应急管理国际组织——国际应急管理工程协会诞生之日起，各类研究成果层出不穷。这些成果几乎囊括了火灾、地震灾害、矿井塌陷、核泄漏事故灾难等具体灾害/危机的各领域。我国从20世纪80年代末开始创建许多研究学报和学术期刊，如《自然灾害学报》、《环境污染与防治》、《环境卫生工程》、《中国环境管理》、《中国减灾》等，针对我国自然灾害以及事故灾难的防灾减灾研究已经较为深入，目前国内较为集中的研究主要体现在城市灾害应急与管理，区域应急管理实务预案、演练及绩效，突发事件应急管理，现代城市公共安全应急管理，领导干部预防和处置突发公共事件实用指南与案例分析，公共危机与管理，国家与政府的危机管理，灾难性事故与事件应急处置，城市安全学，政府应急管理实务，中央和大城市政府应急机制建设，灾害应急处置与综合减灾，地震应急等研究领域。

政府应急管理和企业应急管理均需要建立应急管理综合平台和预案建设，运筹帷幄，才能在非常态情景下保持临危不乱，但是无论国内还是国外，对于突发公共事件的研究普遍侧重于技术和具体方法应用的应急工程研究，并形成了一类特殊管理理论与方法——应急管理，而蕴涵其中的基础科学问题研究还没有得到广泛关注。这样，构成了面向突发公共事件的应急管理和应急工程两个紧密结合、相辅相成的研究层面。其中，应急管理中的科学问题研究是应急工程问题研究的基础，而后者又是在前者指导下的实践。

从2008年暨南大学获教育部批准在全国率先招收应急管理本科生并成立全

国首家应急管理学院，到 2009 年广东省“211 工程”三期重点学科建设项目“应急管理理论与实务”正式立项，再到暨南大学应急管理研究中心成立并成为广东省高校重点人文社科研究基地，得到了广东省政府、省政府应急办的大力支持和社会各界的广泛关注，我们深感责任的重大与使命的神圣。应急管理属于新型交叉管理学科，“211 工程”三期重点学科建设项目共设置了二十余个选题，从政治、经济、管理、公共卫生、新闻处置、社区与区域合作、应急管理史、应急管理平台等多个领域进行研究，试图对完善中国应急管理理论作出富有成效的尝试，也期盼对中国应急管理工作提供指导与借鉴，丛书的出版难免存在这样或那样的疏漏，期待读者给予批评指正。

暨南大学应急管理研究中心　暨南大学应急管理学院

广东省“211 工程”三期重点学科建设项目

应急管理理论与实务丛书编辑委员会

2011 年 1 月

前　言

随着现代信息技术的迅速发展，品牌的负面信息更容易被网络和媒体聚焦并被进一步广泛传播，企业行为因而被高度透明化。近些年，品牌危机的频繁爆发给众多企业带来了巨大威胁，从早期的“三株”口服液人命官司、肯德基的“苏丹红一号”、宝洁的SK－Ⅱ质量问题、雀巢的“碘超标”，到近两年的奶制品行业“三聚氰胺”，再到丰田汽车“召回门”、家乐福“价格欺诈”等，这一系列事件让这些知名品牌遭受了较大冲击甚至重创，同时也严重损害了消费者对品牌的情感和信任。

品牌危机的本质是品牌关系的冲突和瓦解，是顾客心理属性因故改变而带给品牌的一种极度不稳定的状态。作为从事品牌研究的专业人士，笔者深知对企业而言，品牌关系的维护和发展决定了企业品牌价值的高低和竞争力的强弱，建立并维护良好的品牌关系是艰巨和漫长的过程，而一场突如其来的危机却往往可能将企业花费数年心血建立的品牌关系毁于一旦。以品牌关系变化为切入点，系统地研究品牌危机的成因、特性、演化机理等，将更有助于企业对品牌危机实施有效的防范和管理措施。

本书共分三编。第一编着重阐述品牌危机的内涵和特质。在国内外品牌关系研究成果梳理的基础上，结合中国社会品牌危机的现状，在品牌关系视角下，对品牌危机进行全新的诠释。第二编主要研究品牌关系视角下品牌危机的演变与影响。从潜伏期、爆发期和恢复期三个阶段出发，采用情境实验的方法对品牌危机的演变过程加以验证研究，并提炼出品牌危机的影响因素。第三编剖析企业如何根据各阶段品牌危机特质更好地进行品牌关系的维护和管理。通过典型案例研究，帮助读者更好地理解本书所提出的理念。

本书由卫海英提出写作构思并拟定全书大纲。本书共七章，各章的撰写者分别是：卫海英（绪论）、欧阳红星（第一章）、郑彬（第二章）、易丹（第三章）、魏巍（第四章）、梁建明（第五章）、章晶（第六章）、吴洁（第七章）。全书由卫海英修改并总纂定稿。

书中参考了大量国内外同行的相关研究成果，所参考的文献，凡属专门引用的，都尽可能地标明了作者、出处。由于作者水平所限，书中肯定存在一些缺点和不足，也敬请读者朋友们批评指正。

作　者

2011 年 1 月

目 录

绪 论

一、研究背景和意义

（一）研究背景

我国目前正处于市场经济的转型时期，市场变革加剧，企业的生存和发展面临巨大的不确定性，从早期的“三株”、“巨人”、“秦池”到近两年的“三鹿”、“丰田”、“家乐福”等，各企业在遭遇一两场危机之后都深受打击，有的甚至就此消亡。在面临危机挑战之时，企业如何从容应对，如何转“危”为“机”，这已经成为企业开展品牌危机管理的关键问题。

尽管品牌危机的爆发越来越频繁，企业也越来越重视品牌危机的预防和管理，但在学术领域针对品牌危机的专门性研究还是少之又少。目前国内外学者的研究，大多选择产品伤害危机作为研究对象，侧重于研究“产品缺陷或伤害”诱发的危机对企业的影响。但并非所有危机均由“产品缺陷或伤害”所致，比如国美电器黄光裕事件。同时，虽然某些研究直接从品牌危机的角度出发，但大多集中在企业的危机应对和预防上，更多地关注企业管理体系和机制的建构对于危机预防和应对的作用。防范和处理危机固然很重要，但品牌之所以能够存在，是因为它在为消费者创造价值、带来心理上的利益的同时，又获得来自消费者的忠诚拥护，建立了良好的品牌关系。因此，品牌危机处理的核心问题在于如何在品牌危机出现的时候，降低消费者对品牌产生的不信任和不忠诚的程度，维持品牌关系良性发展，进而消弭危机，防止危机的进一步蔓延。因此，对品牌危机进行分析时要侧重于从品牌关系本身出发，同时考虑品牌、消费者、企业、政府及其他利益相关者之间的关系，研究如何维持和保护消费者、品牌、企业之间的关系，从而达到防范危机的目的。

综上所述，在品牌危机频繁发生的背景下，本书发现对该问题的关注存在两个盲点：第一，对品牌危机相关问题的研究未能从消费者和品牌关系的本质出发，探究品牌和消费者之间的原有情感关系将对品牌危机产生何种影响；第二，企业并不知道从品牌关系角度上，面对不同的品牌危机应该如何预防和应对。因此，本书着重从这两个问题出发，首先根据品牌关系的本质，深入探讨品牌危机的内涵、外延和特质问题，并进一步通过分别辨析品牌危机与产品伤害危机、企业危机、公共危机之间的异同，帮助企业清楚地认识危机，确定品牌危机的类型；其次从品牌关系视角出发，探寻品牌危机影响因素对危机的影响，并结合案例分析，研究不同品牌危机类型下，企业如何预防、应对危机以及进行危机后的恢复和重建，帮助企业加强日常的品牌关系建设和维护，降低企业在品牌危机中的损失。

（二）研究意义

1. 理论意义

本书的研究成果不仅推进了品牌危机相关问题的研究，而且为深入理解品牌危机的内涵和特质等本质问题提供了理论支撑。首先，从品牌关系的本质出发，发掘出品牌和消费者之间的契约关系是一切关系的本质，进而界定了品牌危机的内涵，提炼了品牌危机的特质。其次，建立了基于三个分类标准的品牌危机类型划分，从危机发生的本源、诱因以及危机损害的范围出发，将品牌危机清晰归类，并通过案例研究的方式，验证了在品牌危机演变的不同时期，如何根据品牌危机的不同类型维护、保护和修复消费者和品牌之间的关系，从而起到预防、应对和修复品牌危机的作用。最后，本书提出品牌危机是一个动态演变的过程，它的演变界定并不是黑箱问题，可以通过衡量不同阶段消费者和品牌之间的关系质量指标来判断品牌危机所处的阶段。本书通过实证研究也验证了这一假设，提出品牌危机的发展会经历品牌危机潜伏期、品牌危机爆发期与品牌危机恢复期，丰富了品牌危机演变的相关理论。

2. 实践意义

从现实意义上来看，本书的研究成果能够帮助企业更好地了解品牌危机，从而科学地管理危机，将企业在品牌危机中的损失降到最低。首先，根据不同类型品牌危机的特点，分析企业所能采取的应对和恢复策略，有助于企业管理者根据自己所面临的危机状况，选择最适合企业实际情况的应对和恢复策略，有效地提高企业处理危机的能力。其次，本书指出品牌危机是一个动态演变的过程，并通过情境实验法验证了这一结论的正确性，分析指出了危机在不同演变阶段的特征，有助于企业管理者及时发现危机，将更多的危机扼杀在萌芽状态。最后，本书采用案例分析的方法，将本书中所提到的理念结合现实世界中真实发生的危机案例，进行了具体而详细的分析，帮助企业管理者更好地预防、应对和修复危机。

二、研究内容和研究框架

本书以界定品牌危机和品牌危机管理演变的内涵为逻辑起点，从品牌关系的视角出发，探析基于品牌关系的危机管理的核心问题，探讨品牌危机的内涵和特质、品牌危机的演变规律、品牌危机的影响因素、品牌危机预防、品牌危机应对以及品牌危机后的恢复管理问题。

本书的主要内容分为三个部分，共七章。第一部分着重阐述品牌危机的内涵和特质。在国内外品牌关系研究成果梳理的基础上，结合中国社会品牌危机的现状，在品牌关系视角下，对品牌危机进行全新的诠释。第二部分主要研究品牌关系视角下品牌危机的演变与影响。从潜伏期、爆发期和恢复期三个阶段出发，采用情境实验的方法对品牌危机的演变过程加以验证研究，并提炼出品牌危机的影响因素。第三部分剖析企业如何根据各阶段品牌危机特质更好地进行品牌关系的维护和管理。通过典型案例研究，帮助读者更好地理解本书所提出的理念。

本书第一章是在国内外学者对品牌关系研究成果的基础上，探讨品牌危机情境下，品牌关系的动态变化过程；第二章界定了消费者品牌关系视角下的品牌危机，即由被广泛宣传的负面事件导致的品牌关系严重扭曲，乃至暂时或永久性断裂的状态。依据是否危及品牌的核心要素，品牌危机可以分为核心要素品牌危机与非核心要素品牌危机，从危机归因视角则分为主动品牌危机与被动品牌危机，从危机波及的范围来看分为行业性品牌危机与非行业性品牌危机。不同类型的品牌危机成因是不同的，但是所有的品牌危机都遵循着一个动态变化的过程。第三章通过情境实验的方法，论证了品牌危机是一个动态发展的过程，它的发展顺次经过品牌危机潜伏期、品牌危机爆发期与品牌危机恢复期，在这一动态发展的过程中，品牌关系质量会呈现 U 形变化的趋势。第四章指出品牌危机并非一个孤立的情境，在其演变过程中，受到诸多因素的影响。借鉴国内外众多学者的研究成果，从危机情境因素、品牌因素、消费者因素、企业因素几个方面来分析探讨品牌危机的影响机制，能够全面地涵盖品牌危机演变过程中影响消费者对品牌评价的因素。第五章到第七章紧紧围绕品牌危机演变的三个阶段——潜伏期、爆发期和恢复期，结合具体的案例，针对每个阶段的不同特点，论述企业如何进行品牌关系的维护、保护和修复工作。全书结构具体如下图所示：

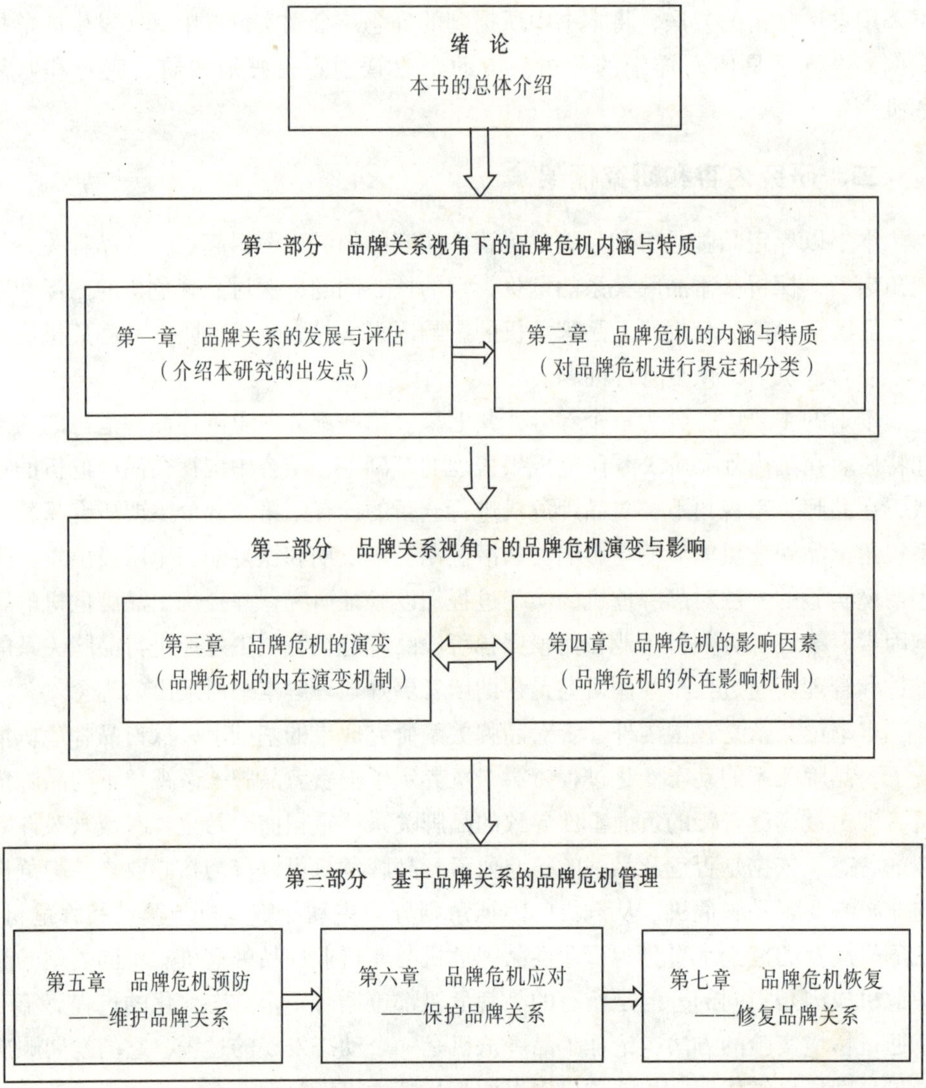

本书框架和逻辑图

三、研究方法

研究方法是指在研究中帮助我们发现新现象、新事物，揭示研究主题内在规律的工具和手段。没有最完美的研究方法，只有对特定研究对象最适合的研究方法。本书所采用的分析和研究方法，主要为文献分析法、情境实验法以及案例分析法。

文献分析法为本书提供了理论基础。首先通过对已有国内外品牌危机相关文献的整理和分析，结合当前市场动态，确定本书的研究选题。此外，本书中每章节观点的提出都是以相关领域内理论研究成果的述评为基础的，以此支撑本书观点。

为了更加透彻地理解品牌危机的演变过程，本书采用情境实验法。此实验法要求被试通过阅读关于特定情境的描述，扮演情境中的某个角色，然后根据情境中的信息完成相应的态度或行为倾向的调查。由于现实中品牌危机的爆发往往是突发的、偶然的、难以控制的，为了能够模拟或再现品牌危机演变的整个过程，我们通过控制一些干扰变量以及合理的抽象，创设出危机演变的特殊情境，以探寻被试对危机演变过程的感知，揭示品牌危机演变的规律。

同时，运用案例分析法，以本书中第四、五、六、七章的理论为基础，对近年发生的具有代表性的品牌危机事件进行深入分析，以期更加全面、清晰地认识品牌危机的影响因素及维护、保护和修复品牌关系的策略，为企业危机管理实践提供帮助。

综上所述，本书从两条线索出发研究品牌危机问题：首先根据品牌关系的本质，深入探讨品牌危机的内涵、外延和特质问题，并进一步通过分别辨析品牌危机与产品伤害危机、企业危机、公共危机之间的异同，帮助企业清楚地认识危机，确定品牌危机的类型；接着从品牌关系视角出发，探寻品牌和消费者之间原有品牌关系质量对危机的影响，并结合案例分析，研究不同品牌危机类型下，企业如何预防、应对危机以及危机后企业如何恢复和重建品牌关系。科学而准确的出发点，有助于在管理实践上为企业提供一些有益的建议和启示，帮助企业加强日常的品牌建设和维护，减少企业在品牌危机中的损失。

第一编

品牌关系视角下的品牌危机内涵与特质

第一章　品牌关系的发展与评估

从品牌关系本质出发，探究品牌和消费者之间的互动关系将对品牌危机产生何种影响，是品牌危机管理一个新的研究视角。品牌关系是在关系营销盛行的大背景下，将品牌作为联结企业和消费者的桥梁而出现的。现代营销理论认为，企业营销的核心是品牌营销，企业之间的竞争集中体现为品牌统治权的争夺，实质上是对消费者的争夺，企业与消费者的关系也更多地体现为品牌与消费者之间的关系。企业只有与消费者建立起长期稳定的关系，获得经济价值之外的社会价值，才能取得竞争优势。基于社会心理学的人际关系理论，各研究学者普遍将消费者与品牌之间的关系类比为人际交往关系，并试图透过这一拟人化思想来寻求品牌管理思路，为品牌资产的建立与测量开辟新的研究视角。目前，品牌关系的研究主要集中在品牌关系的内涵、品牌关系的发展、品牌关系的评估等方面。

第一节　品牌关系的内涵

基于关系营销理论（Berry，1983）和社会心理学中的人际关系理论，Blackston（1992）最先提出了品牌关系（brand relationship）这一概念，认为品牌关系是消费者对品牌的态度与品牌对消费者的态度之间的互动。我国学者马永生（2001）将品牌关系定义为"品牌与消费者之间相互的、具有个性的、长时间的，以提高价值为出发点的交流与沟通"。上述品牌关系只是研究消费者与品牌之间的关系，不涉及其他相关主体。

事实上，在不断与品牌接触的过程中，消费者不仅会与品牌形成关系，而且还会与其他利益相关者发生关系，这些关系结合在一起共同影响着消费者行为。因此，有学者在品牌关系研究的过程中增加了许多品牌之外的关系主体。Cross和Smith（1998）认为，品牌关系的形成过程包括了消费者与品牌、产品、公司、其他顾客等主体的接触。与此类似，Fournier（2001）建议多层面、多视角地研究品牌关系，将消费者与品牌的关系分成四个层面。更有学者从供应链、利益相关者、生态环境等视角阐述了品牌关系，其主体已远远超出消费者、品牌、产品与公司这个范畴。

由此可见，学者们对品牌关系内涵的界定尚未统一，甚至存在很大分歧，而关键之处在于关系主体的选择。由于学者们在分析品牌关系时关注不同的主体，所以这些概念模型中的分析框架也不尽相同，形成了狭义的品牌关系和广义的品牌关系。

一、狭义品牌关系

狭义的品牌关系是指关系主体只涉及品牌和消费者两个层面的品牌关系。基于关系主体的品牌关系概念模型主要包括传统的品牌—消费者关系模型和在此基础上扩展的品牌—社群三角模型及品牌关系四维互动模型。

（一）传统的品牌—消费者关系模型

传统的品牌—消费者关系是 Blackston 基于社会心理学的人际关系理论而提出的，其理论基础决定了消费者与品牌间存在拟人化的关系。这种关系没有法律约束，也没有正式协议，它是建立在彼此相互信任和承诺的基础上的（见图 1-1）。

在该模型中，Blackston 将关系中的品牌分为主观、客观两个方面。根据这两个新概念，品牌关系被界定为“客观品牌与主观品牌的互动”，它是指品牌的客观面（主要表现为品牌形象，形象有好坏）与主观面（主要表现为品牌态度，态度有正负）这两个维度相互作用的结果。这种互动体现在两方面：一方面，品牌通过定位战略形成品牌个性展示在消费者面前，称为客观品牌；另一方面，消费者对品牌个性会形成自己的态度，即消费者如何看待品牌，称为主观品牌。这种主观品牌与客观品牌之间的相互作用也即传统的狭义品牌关系。该模型揭示了基于企业视角与基于消费者视角的品牌之间差异性的存在，突出了品牌的两面性（即主观性与客观性）。通过该模型可以认识到，企业要想塑造理想的品牌关系，必须达到主观品牌与客观品牌的统一。

（二）品牌—社群三角模型

传统的品牌关系模型非常抽象地描述了品牌和消费者的互动关系，而 Muniz 和 O’Guinn（2001）在整理了许多学者研究成果的基础上，不仅考虑品牌与消费者之间的关系，还进一步拓展到消费者与其他消费者之间的关系，并将后者称为“品牌社群”（brand community）。因此，他们加入品牌的“其他顾客成员”，着力研究基于某个品牌而形成的消费者与消费者的关系，将传统的“品牌—消费者关系”延伸为“品牌—社群三角模型”（见图 1-2）。

（三）品牌关系四维互动模型

品牌—社群三角模型主要研究的是基于某个品牌形成的品牌—消费者关系、

消费者与该品牌其他消费者之间的关系，Mundkur（1997）则将品牌和消费者之间的互动关系具体化，将互动元素变为四个。这样，在该系统中其实存在品牌—品牌、品牌—顾客、顾客—顾客等 12 种互动关系（见图 1 - 1、1 - 2、1 - 3）。

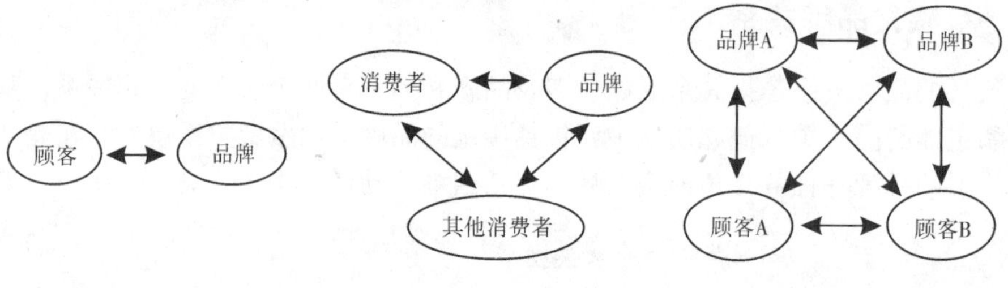

图1-1 传统品牌—顾客关系 → 图1-2 品牌—社群三角模型 → 图1-3 品牌关系四维互动模型

资料来源：Blackston，M.. Observations：Building Brand Equity by Managing the Brand's Relationships［J］. *Journal of Advertising Research*，1992：79 - 83.

Muniz Jr Albert M & O'Guinn Thomas C. Brand Community［J］. *Journal of Consumer Research*，2001，27（4）：412 - 432.

Mundkur，P.. A Two - Way Relationship［J］. *The Atticus File*，1997（3）：48 - 50.

狭义的品牌关系以消费者为中心，强调了消费者对品牌价值的作用。虽然不同学者对品牌与消费者之间的关系进行了纵向的深入剖析，然而，研究的关系主体始终停留在品牌和消费者两个层面。这种单一的品牌—消费者关系理论与商业实践具有较大差距，说明狭义的品牌关系理论在操作层面上具有一定的局限性。

二、广义品牌关系

相对于狭义品牌关系，那些除了品牌和消费者，还包括其他关系主体的多个层面的品牌关系被称为广义品牌关系。D. Aaker（1998）指出，品牌管理者必须将品牌当作产品、企业、人、符号来建立品牌管理的架构。这一观点为品牌关系概念的泛化提供了理论依据。目前，比较典型的广义品牌关系概念模型包括三种：品牌—社群四重关系网络模型、基于供应链的品牌权益模型、基于利益相关者的品牌关系模型。

（一）品牌—社群四重关系网络模型

Fournier（2001）将消费者与品牌关系分成四个层面的关联（bonds）来研究，这四个层面的关联分别是消费者与产品关联、消费者与品牌关联、消费者与消费者关联以及消费者与公司关联。这个分析框架的提出表明对品牌关系的研究向其外延扩展，从多个层面对品牌关系进行考究。但 Fournier 的模型还只是一个研究假设，Mc Alexander 等（2002）在 Muniz 等的品牌—社群三角模型的基础上，增加了社群与公司关系、社群与产品关系，将品牌社群的关系网络的概念进一步发展，并通过实证方法检验了这些关系的存在，提出了以消费者为中心（customer centric）的品牌—社群四重关系网络模型（见图 1－4）。

该模型打破了单一的顾客—品牌关系理论研究的局限，并对此进行了不断改进，在模型的全面性和操作性上获得了较大进步，但始终还是以消费者为中心，忽略了其他利益相关者对品牌价值创造的影响。对此，一些学者从供应链和利益相关者等其他角度进一步阐述了品牌关系。

（二）基于供应链的品牌权益模型

基于供应链品牌关系这一理念进行研究的代表学者是 Davis，他指出很少有学者研究跨组织交换中的品牌问题。然而，能不能成功地管理供应链伙伴关系，是未来品牌能否成功的重要因素之一。只注重顾客营销的品牌管理，而忽视了重要的下游顾客（如分销商和零售商）的需要，他们自然就不会谋求与上游供应商共同创造附加价值。于是 Davis（2003）在其博士论文中提出了“基于供应链的品牌权益模型”（见图 1－5），该模型的主体要素不仅包括消费者，还包括品牌制造商、供应商和中间商等。该模型表明了供应链关系中的价值增值过程，不仅来自个体顾客心目中的感知，而且还来源于贸易伙伴（包括卖主和组织顾客）的感知。

（三）基于利益相关者的品牌关系模型

20 世纪 90 年代，在企业管理理论和实践中，利益相关者对企业的影响力越来越大，有学者把品牌关系的研究视野进一步放大，将利益相关者也纳入品牌关系范畴，具有代表性的是 Duncan 等（1997）提出的基于利益相关者的“价值范畴”模型以及 Upshaw（2001）提出的品牌利益相关者关系模型（见图 1－6）。持该理念的学者认为，利益相关者对公司整体收益的影响力绝不亚于消费者，真正的品牌存在于利益相关者的内心和想法中，利益相关者集中起来的支持力足以决定公司收益的大小，他们的支持度决定了他们与品牌的关系以及他们对品牌和公司的看法。基于利益相关者的品牌关系模型虽然强调了各利益相关者对品牌创建的重要意义，但涉及面太广，关系过于复杂，不利于分析和研究。而且，该类模型强化了品牌的核心位置，淡化了消费者在品牌创建过程中的重要作用。

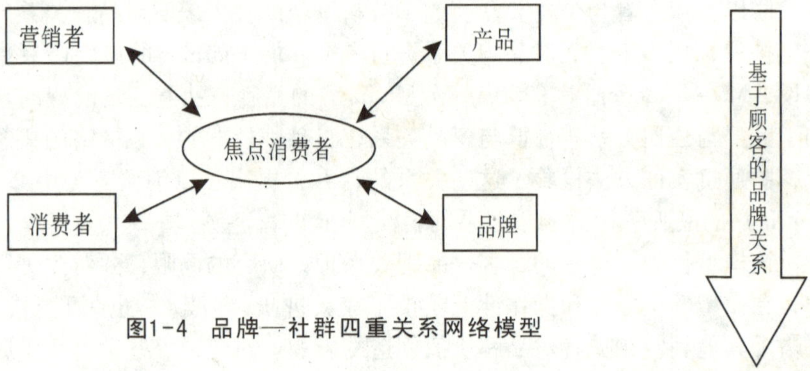

图1-4 品牌—社群四重关系网络模型

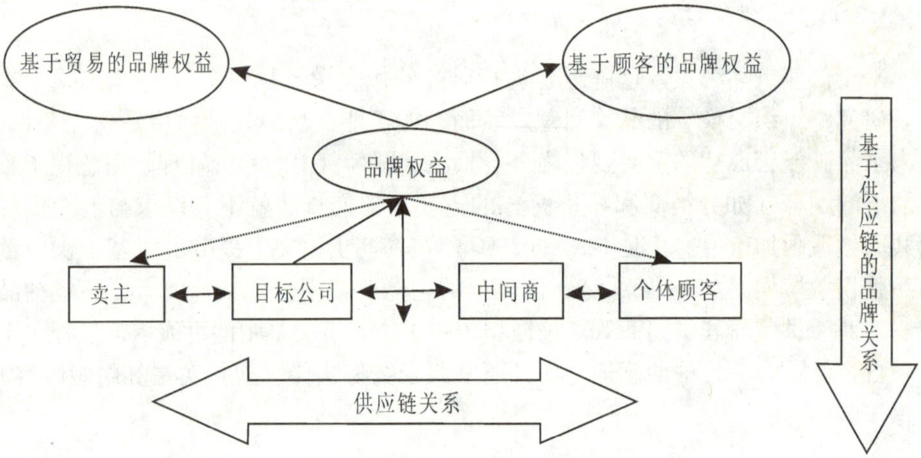

图1-5 基于供应链的品牌权益模型

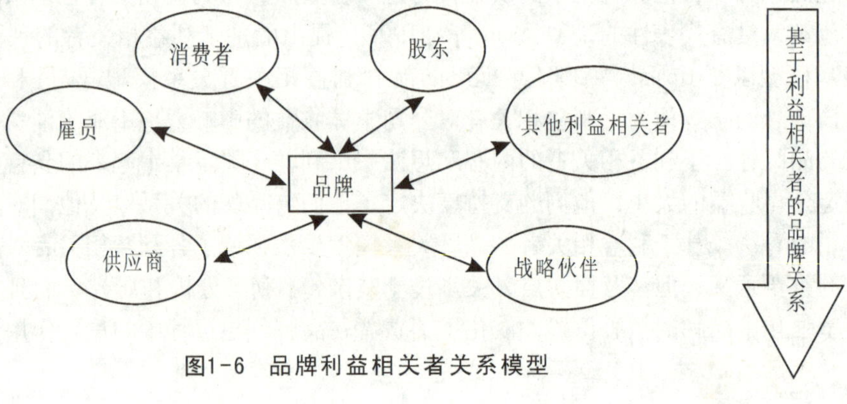

图1-6 品牌利益相关者关系模型

除了上述三种典型的广义品牌关系，我国学者王兴元（2000）提出了“名牌生态系统”的新概念，认为品牌研究应该置身于一个由产品、利益相关者、宏观环境构成的生态系统中来进行；张琰和张锐则根据王兴元的思路提出要研究“生态型品牌关系”，并构建了生态型品牌关系的框架模型（2005），其中包括品牌与相关品牌、利益相关者、资源和环境的关系。

总之，广义的品牌关系比狭义的品牌关系有了更大发展，随着品牌关系理论发展和营销实践的需要，其外延也不断扩展。同时，品牌关系模型的演化也深刻反映了品牌关系理论视角的发展历程，从基于消费者的品牌关系到基于供应链的品牌关系，再到基于利益相关者的品牌关系，它们代表了不同的品牌关系思维和理念。基于消费者的模型只强调了消费者对品牌价值的作用，忽视了许多非顾客利益相关者对品牌价值的作用和影响，与之相关的研究假设脱离了商业实际，具有一定的局限性。基于利益相关者的关系模型将影响品牌或受品牌影响的所有利益相关者都纳入品牌关系中，真正符合了商业环境的实际情况。然而，品牌关系越往外延伸，其模型虽然会更加全面，但同时也过于复杂，模型中的各种关系很难在一项研究中同时得到考虑，所以基于利益相关者的品牌关系模型很少用到相关的实证研究中。综合考虑，Fournier 的模型比较合理：它不会过于复杂，比较适合理论研究；同时该广义品牌关系模型的主体范围又不会过于狭小，在一定程度上契合了商业实际。

第二节 品牌关系的发展

品牌关系是一个动态演变的过程，如同人际关系的发展一样，它会经历一个从无到有、从陌生到熟悉、从一般亲密到忠诚的阶段。但是，品牌关系又是一种脆弱的品牌资产，主要在于它是建立在消费者关于该品牌的知识和信念上的，外部信息不断变化，将使消费者关于特定品牌的知识和信念也随之变化。因此，品牌关系会因为企业的品牌失误或者负面信息曝光而断裂终止，但同时也能通过企业的挽救和努力而得以恢复。如何使品牌关系永葆青春，是当前品牌关系管理所面临的巨大挑战。

一、品牌关系阶段分类

基于不同的视角，现有研究对品牌关系的演变阶段存在不同划分。本书从品牌关系的发展趋向出发，将目前有关品牌关系阶段的研究划分为三大类：升华类、终结类和循环类。

升华类的品牌关系阶段论认为品牌关系是一个由低层次向高层次不断加深的过程，比较典型的有 MBI 公司的金字塔模型和基于品牌接触的品牌关系五阶段论。MBI 公司的品牌动态金字塔模型围绕产品从功能到情感对消费者需求的满足过程这一主线，指出品牌与消费者关系的动态发展具有金字塔层级关系，包括存在、相关、功能、优点和联结五个层面。而基于品牌接触的视角，Cross 和 Smith（1998）提出品牌关系五阶段论，即认知、认同、关系、族群和拥护阶段。然而，这两种品牌关系阶段的划分有一个共同的局限性，即都未涉及关系的恶化与分裂过程，这与品牌关系发展的现实解读不相吻合。

终结类的品牌关系阶段论认为消费者品牌关系最终会走向断裂，具有代表性的理论主要包括人际关系五阶段论和买卖关系五阶段论。人际关系五阶段论将人际关系发展阶段概括为起始、成长、维持、恶化、瓦解五个阶段，主要代表人物是 Levinger（1983）。Fournier（1998）认为消费者与品牌之间的关系如同人际关系的发展一样是一个渐进的过程。与人际关系五阶段论不同，买卖关系五阶段论将买卖关系概括为知晓、探索、扩展、承诺、断裂五个阶段，主要代表人物是 Dwyer、Schurr 和 Oh（1987）。与升华类品牌关系阶段论不同的是，上述两种终结类理论都认为品牌关系最终将会走向瓦解或断裂。虽然许多品牌营销实践说明了这一点，但现实中仍有相当多的百年品牌屹立不倒。

循环类的品牌关系阶段理论即品牌关系六阶段论。Fournier（2001）在人际关系五阶段论和买卖关系五阶段论的基础之上，提出了品牌关系六阶段理论，即注意、了解、共生、相伴、分裂和复合六个阶段。品牌关系六阶段论是一个循环论，不仅涉及关系的建立、维持和断裂，还涉及品牌关系断裂之后的复合，因而更接近于现实状况，而且为品牌危机公关和重塑品牌形象提供了理论依据。

综上所述，Fournier（2001）提出的品牌关系六阶段理论不仅指出关系会由于种种原因而破裂，还指出会因为补救而复合，相比较而言，更加客观和全面。本书也借鉴循环观点，主要从品牌关系的形成、断裂和恢复几个阶段进行阐述。

二、品牌关系形成

品牌关系的形成受许多可能因素的影响，学术界的现有研究认为，自我认同、品牌个性、消费情境和品牌体验等是影响品牌关系的主要因素。本书将影响因素分为三类：消费者因素、品牌因素、消费者—品牌互动因素。

消费者因素无疑是品牌关系形成的核心因素，其中消费者自我认同尤为重要。Bhattacharya 和 Sen（2003）认为，消费者与公司品牌的关系源自于他们对公司形象的认同，这种认同有助于消费者的自我界定。Escalas 和 Bettman（2003）提出，不同参照组个体自我与品牌所形成的联结是不同的，个体使用品牌是为了自我证实，而渴望成为群体成员则是为了自我提升。Escalas 在后来的研究中建议，将品牌故事作为强化品牌与消费者自我概念之间关系的重要手段。可见，品牌形象与消费者自我认同越接近，品牌关系越易建立。

品牌因素是品牌关系形成的核心因素，其中鲜明的品牌个性尤为重要。品牌个性能促进品牌关系的形成，而品牌关系又会发挥调节作用，并影响消费者对品牌个性的看法。Aaker 、Fournier 和 Brasel（2004）的研究结果表明，不同品牌个性维度对品牌关系强度的影响是不一样的。在一般情况下，纯真的品牌个性比具有刺激性的品牌个性更加容易形成长期品牌关系，如果发生了品牌侵害消费者利益的情况，基于纯真品牌个性的品牌关系会受到更大的影响。Hayes 等（2006）指出消费者对品牌个性的感知会影响他们对品牌关系伙伴的想象程度，品牌吸引力是两者关系的调节因素，由此可以看出品牌关系的形成路径是从品牌个性到品牌关系伙伴。国内学者周志民（2006）的实证研究表明，不管消费者是否认知或是认同品牌个性，他们都有可能与品牌形成工具型关系（基于优惠）。

消费者与品牌的互动因素是品牌关系形成的推动因素，集中体现在消费情境和品牌体验上。消费情境分为物理氛围、社会氛围、时间、任务和购前状态五种（Belk，1975），现有研究主要探讨了部分物理氛围对品牌关系的影响。Beverland 等（2006）研究指出，店内音乐如果与品牌形象不符，那么消费者可能会根据店内音乐而感知到不真实的品牌形象，从而使品牌关系的形成受到影响。Thorbjornsen 等（2002）的研究表明，个性化网站和网上社群并没有对品牌关系质量产生重要的影响。Nysveen 等（2005）的研究表明，短信和彩信这两种移动增值服务对品牌满意度、直接关系投入（消费者对关系的投入）、间接关系投入（品牌对关系的投入）和主要移动通信服务的使用产生正向作用，而与备选服务的品质呈负相关关系。

我国学者张立品（2002）指出，感官体验、思考体验、行动体验和关联体验对品牌关系均产生显著的正面影响，而情感体验则不产生显著的影响，这说明不同的品牌体验会对品牌关系的形成产生不同影响。Chang 和 Chieng（2006）的实证研究表明，个人体验和共享体验会影响品牌联想、品牌个性、品牌态度、品牌形象，最终形成品牌关系。由此可见，不同的影响因素之间可能存在一定的逻辑关系，这需要进行进一步的实证检验。同时，除了上述提及的三类影响因素，其他可能存在的影响因素如企业因素、竞争者因素等也值得更进一步研究。

三、品牌关系断裂

在品牌建设中，由于缺乏科学的关系经营及其他种种原因，已建立的品牌关系会出现断裂。一些学者对此进行了研究。然而，学术界对于关系断裂的术语可谓百花齐放，使用频率最高的术语包括“断裂”、“终止”、“退出”、“瓦解”、“顾客转换”等。从这些丰富的术语可以看出，学术界至今未对关系断裂这一现象形成统一认识。除了术语名称未达成共识之外，有关关系断裂的内涵，至今也是仁者见仁，智者见智。

（一）品牌关系断裂过程

Levinger（1979）认为，成对关系断裂是指联结、关系、联盟的取消或解散，变成各自一方的行动，品牌关系结束或消亡（decease）。Duck（1982）认为断裂不仅仅是一个决定，而更要把它看作是一个过程。从目前的研究来看，大多数学者都认同关系断裂是一个过程。Fajer 和 Schouten（1995）将品牌关系断裂视为一个过程，指出品牌关系断裂是品牌关系暂时或永远地不存在，并基于 Duck（1982）的理论将品牌关系断裂过程分为四个阶段：中断、衰减、解脱和断裂。但是，该研究只是根据人际关系理论，运用归纳演绎法来推断出品牌关系断裂的四个阶段，而对断裂过程的具体特征并未作进一步解释，因此，无法对品牌关系断裂的真正过程作出明确判断。后来，一些学者对关系终止过程作了进一步研究，但绝大多数都是基于某一行业或特定背景下的研究。例如，Tahtinen 和 Halinen（1997）在小公司网络背景下、Tahtinen（1999）在软件业背景下研究关系终止；Stewart（1998）立足于零售银行，研究消费者退出过程中的问题、努力、情绪和评价；Halinen 和 Tahtinen（2002）则是探讨在服务交易的背景下发展关系终止的过程模型，涉及评估、决定、交流、分离、结果等阶段。由于各行业的背景和特点不同，已有的关系终止模型在跨行业时缺乏通用性。由此可见，仍然没有一个完整可行的过程理论来解释关系的终止过程，对品牌关系断裂过程的研究则更为不足。

（二）品牌关系断裂原因

除了了解品牌关系断裂的过程，对品牌关系断裂的原因，即品牌关系断裂的影响因素的研究也是非常有必要的。目前已有的研究主要是从人际关系视角和消费者心理视角对品牌关系断裂的原因进行阐释。人际关系理论视角的主要代表学者有 Fajer、Schouten（1995）和 Fournier（1998）等，他们认为品牌关系中止的潜在原因有先天注定（原有品牌—消费者关系契合度不高）、运作失败（产品缺陷）、进度损失（品牌管理决策失误）和突然死亡（负面信息或者危机导致的品牌关系终止）。消费者心理视角的研究者们构造了熵模型和压力模型，用以解释品牌关系的断裂，其中熵模型指出关系会因缺乏维系而自然耗尽，而压力模型则认为，关系受环境因素、伙伴导向压力、关系压力等外力的影响。上述研究都是运用人际关系理论进行归纳推理得出的结果。Perrin-Martinenq（2004）提出了品牌隔离（brand detachment）的概念，并用实证研究解释了品牌关系分裂过程中的态度因素。然而这些研究对品牌关系断裂过程的影响因素和事件的解释明显不足。有学者从消费者心理视角研究品牌关系断裂的原因。Duck（1982）、Stewart（1998）、Roos（1999）提出断裂过程中还包括情感、认知和行为的因素；Zweig和Aggarwal（2005）研究了心理契约（psychological contract）的违反在调节营销实践和品牌评价中的角色，研究指出，违背消费者心理契约将会导致消费者终止品牌关系。从上述研究现状来看，对消费者心理因素影响品牌关系断裂的研究仍然相当匮乏。由此可见，对影响品牌关系断裂的因素的研究还需进一步拓展和深入。

营销实践表明，随着时间的推移，某些品牌与消费者之间的关系确实会走向断裂、终止或消亡。如前文所述，导致品牌关系断裂的因素是多种多样的。按照Fajer和Schouten（1995）的观点，企业的品牌经营失误或者负面信息曝光也是导致品牌关系断裂的常见原因之一。许多所谓的强势品牌也不能例外，如2005年3月SK-Ⅱ的产品质量问题和虚假广告事件以及同年4月发生的高露洁牙膏“致癌”事件，2008年9月由三鹿奶粉产品质量问题曝光而引发的三聚氰胺负面事件，近至2010年3月发生的丰田汽车召回事件等，都使得消费者对这些品牌甚至行业的信任度急剧下降，许多消费者与这些品牌的关系最终走向断裂。然而，品牌关系断裂并不意味着品牌与消费者之间就永久地失去了联系。如果能够做好断裂后的恢复工作，就能在很大程度上保证品牌关系的相对稳定，也能够使得原本关系断裂的品牌和消费者“再续前缘”。

四、品牌关系恢复

品牌关系六阶段论指出，品牌关系是一个循环的动态过程，不仅涉及关系的建立、维持和断裂，还涉及品牌关系断裂之后的复合。只有在品牌关系断裂后积极努力地应对，才可能使品牌与消费者的关系得以维持和延续。例如，高露洁在“致癌”事件发生后，采取积极措施与消费者进行沟通，成功换回了原本已经离它而去的消费者，从而实现了品牌关系的再续。在危机面前，同样受到媒体口诛笔伐，同样受到市场与消费者质疑，有的品牌能够化险为夷，有的却遭受重创一蹶不振或彻底销声匿迹，这主要取决于企业是否进行了科学有效的应对工作来修复受到影响的品牌关系。由此可见，品牌关系断裂后，展开品牌关系恢复研究是理论发展和实践进步的迫切要求。

首先，品牌关系恢复是必要的。留住老顾客、维持顾客对品牌的忠诚，是品牌关系管理最重要的目标。1996年，美国学者Reichaheld的一项针对理财服务的研究表明：企业吸引一位新顾客的成本是保持一位老顾客成本的4~6倍；顾客保持率提高5%，企业的利润将会增加25%~85%。Stauss和Friege（1999）的研究也表明，在一些利润空间较大的行业，对一个新顾客进行投资的回报率是23%，而对一个已流失的顾客进行投资，回报率可高达214%。可见，重新唤回消费者能够给企业带来较高的经济回报。除了较低的唤回成本外，通过唤回老顾客还可以让企业获得再次的改进机会，增强抵御风险的能力，增加正面口碑的传播。基于此，主动唤回老顾客、实现与顾客关系再续的做法变得越来越通行。

其次，品牌关系恢复是可能的。研究数据显示，企业与流失的顾客重新进行交易的可能性达20%~40%。Gadde和Mattsson（1987）认为，交易会在停止一段时间后恢复，即过去的印象会存留在个人的关系和认识中，要经过一段时间才会消失，这也为关系的再续提供了契机。Havila和Wilkinson（2002）由此提出了关系能量保持原理，认为“这种能量可传输但不可毁灭”，这为“休眠”的关系提供了复苏的机会。Tsang等学者（2006）的人际关系修复研究也表明，关系双方的承诺越多、关系越亲密，宽恕对方的可能性就越大。

最后，品牌关系恢复是艰难的。品牌关系恢复的核心问题是建立品牌关系的恢复机制，这主要涉及品牌关系恢复的影响因素、各因素的作用以及相关程度。目前，有关品牌关系恢复影响因素的研究几乎还是一片空白，只有极少的从“重获顾客”的视角展开的研究。此处的重获顾客是指与流失的顾客建立新关系的过程（Thomas等，2004）。Tokman等学者（2007）实证探索了服务领域影响企业重获顾客的因素，他们认为相关因素包括顾客离开的原因、顾客与原服务提供商的关系、价值维度（返回后的价格和服务情况）、提供商的社会资本、后悔（消费者对新服务提供商不满时会后悔，导致转回意图增强）、断裂状态持续的时间等。黄静和熊巍（2007）以品牌关系断裂的发生为分界点，将品牌关系分为初始品牌关系阶段和再续品牌关系两个阶段，并沿着这两个阶段，将品牌关系再续的影响因素归纳为历史因素和现实因素。其中，历史因素，即初始品牌关系中对品牌关系的再续有影响的因素，包括初始品牌关系质量和品牌关系断裂的原因；现实因素，即品牌关系断裂后影响品牌关系再续的因素，主要借鉴品牌关系建立的影响因素，包括品牌因素、消费者与品牌的互动、企业因素、消费者因素和竞争对手因素五个方面。

事实上，科学制定和实施品牌关系恢复策略是品牌恢复管理中最实质的问题。恢复品牌关系与建立初始品牌关系是有区别的，恢复品牌关系是对已经破裂的关系的一种再续，顾客会考虑返回后的价值维度，如价格高低、服务品质等。同时，顾客是否重新选择原来的品牌还受到情感因素的影响，如“好马不吃回头草”等心理因素在品牌关系恢复中也会产生一定影响。因此，企业在制定品牌关系恢复策略时，仅仅提供经济价值回报是不够的，还应该为消费者提供社会价值，即必须同时关注品牌的经济价值和社会价值。此外，恢复策略实施时还要考虑合适的时间与方式，Helfert 等学者（2003）基于电子商务的视角提出了一个“顾客重获”管理的五阶段概念框架，认为重获顾客需要经历确认、细分、接触、唤回和控制五个阶段。但是，他们的研究只指出了重获顾客的可能步骤，品牌关系恢复的过程和策略将在本书第七章作进一步探讨。

在品牌关系管理中，由于市场变化复杂，品牌关系断裂现象时常发生。对于企业来说，除了做好前期的关系维系工作，还会面临不断与关系断裂的消费者再续前缘的问题，如何进行有效的品牌关系恢复管理显得非常关键。但目前品牌关系恢复的相关理论研究还很不够，严重滞后于营销实践的发展和要求，因此，迫切需要理论界对品牌关系恢复进行深入研究。其中品牌关系恢复的影响因素、机制及策略都是今后的重要研究方向。

第三节 品牌关系的评估

品牌关系作为企业最重要的资产之一，如何准确评估其健康程度已受到理论界与实务界的普遍重视。对企业来说，高质量的品牌关系，既能够强化企业与消费者之间的关系，又能够形成自己的品牌竞争优势。对消费者来说，高质量的品牌关系不仅能够给自己带来经济利益，更能给自己带来心理的满足。品牌关系质量是测量和评估品牌关系健康状况的核心概念。

一、品牌关系质量维度

品牌关系质量（BRQ）是 Fournier 借鉴服务营销中的关系质量概念提出的新术语，被定义为“人们对消费者与品牌间的互动所抱有的主观观点”。它反映了消费者和品牌间能够长时间联结的力度和发展能力，可用来衡量品牌关系的稳定性和持续性等健康状况。相关研究集中在品牌关系质量维度、各维度之间的结构关系以及品牌关系质量的测量等方面。

Blackston（1992）提出顾客对品牌的信任和满意是品牌关系的两个元素，其中，信任受风险、可信度和亲密性的影响，而满意是主动性和支持性的函数。南非 Markinor 市场研究公司从 1992 年起利用专利工具“品牌关系分值”（BRS）开展“Markinor 顶级品牌大调查”，BRS 由知名度、信任度、忠诚度等三个指标汇总而成。Fournier（1998）的研究是品牌关系质量维度的标志性成果，她从通过深度访谈获得的大量品牌故事中提炼出品牌关系质量的六个维度：爱与激情、自我联结、相互依赖、个人承诺、亲密感情和伴侣品质。

继 Fournier 提出品牌关系质量之后，Duncan 和 Moriarty（1999）从企业实际运作的角度提出了评价品牌关系的八个指标：知名度、可信度、一致性、接触点、回应度、热忱心、亲和力和喜爱度。Hess 和 Story（2005）把品牌关系看成承诺，认为承诺由个人联结和功能联结组成。个人联结由信任决定，而功能联结由满意决定，满意又会影响信任。Gurviez 和 Korchia（2006）将信任视为品牌关系质量的核心变量，认为信任由可信度、真诚和善意三个维度构成。

我国学者也对品牌关系质量进行了深入研究，周志民（2005）则独辟蹊径，创造性地提出一个品牌关系矩阵，并通过实证检验得出结论：品牌关系质量包括承诺/相关度、归属/关注度、熟悉/了解度、信任/尊重度、联想/再认度五个部分。值得关注的是，何佳讯（2006）基于中国文化背景，在 Fournier 的 BRQ 六个维度基础上，利用高阶因子分析法提出了基于中国的品牌关系质量维度，包括社会价值交换、信任、相互依赖、真有与应有之情、承诺、自我概念联结。上述有关品牌关系质量维度的研究汇总见表 1－1。

表 1－1 品牌关系质量维度研究汇总

名称	主要维度	学者或机构	时间
品牌关系二因素论	信任、满意	Blackston	1992 年
品牌关系分值（BRS）	知名度、信任度、忠诚度	南非 Markinor 市场研究公司	1992 年起
品牌关系质量六维度	爱与激情、自我联结、相互依赖、个人承诺、亲密感情、伴侣品质	Fournier、Aaker 和 Brasel	1998 年 2001 年
品牌关系八指标论	知名度、可信度、一致性、接触点、回应度、热忱心、亲和力、喜爱度	Duncan 和 Moriarty	1999 年
广义品牌关系质量	承诺/相关度、归属/关注度、熟悉/了解度、信任/尊重度、联想/再认度	周志民	2005 年
基于中国的品牌关系质量（CBRQ）	社会价值交换、信任、相互依赖、真有与应有之情、承诺、自我概念联结	何佳讯	2006 年

目前，学者们对于品牌关系质量维度尚未形成统一认识。Fournier 等（2001）对构成 BRQ 的六个维度进行了实证研究。从实证过程中的指标来看，BRQ 量表的内部一致性过高，说明测项交叉程度很高，有重复测量之嫌。Thorbjornsen、Breivik 和 Supphellen（2002）也指出了 Fournier 的 BRQ 模型存在各维度

关系不清的问题。他们在研究 BRQ 与品牌忠诚之间的关系时，借鉴 Thibaut 和 Kelley（1959）的理论提出了依存模型，其中自变量是满意度和竞争品质量，又借鉴 Rusbult（1980）的理论提出了投入模型，其中自变量是满意度、竞争品质量、关系投入，中介变量是承诺。实证结果显示，依存模型在预测方面效果最好，而投入模型与 BRQ 模型在诊断方面表现更好。

二、品牌关系质量测量

目前，对品牌关系质量测量主要有两种方法：指标评估法和价值评估法。国内学者周志民（2005）通过归纳总结发现，这两种方法在研究假设、评估内容、评估思路、表现形式、操作难易和成果应用上都存在非常大的差异（见表 1－2）。尽管这两种方法存在差异，但正是这些差异使得它们具有互补性。同时，这两种方法都是用来评估品牌关系状况的，因此相互之间应该存在正相关关系，即品牌关系的价值越大，其指标得分也越高。

表 1－2 品牌关系指标评估法和价值评估法对比

评估方法 对比项目	指标评估法	价值评估法
研究假设	品牌关系类似于人际关系，存在多个维度	品牌关系是企业最重要的资产之一
评估内容	品牌关系的构成成分	品牌关系的财务产出
评估思路	分解品牌关系结构	关系投入与顾客贡献比较
表现形式	分值、绝对值	货币形式、绝对值
操作难易	简单、数据易搜集	复杂、数据难搜集
成果应用	用于指导品牌关系日常管理	用于并购、合资经营中的品牌估价

资料来源：周志民．品牌关系评估的研究范畴、视角探讨与展望［J］．外国经济与管理，2005，27（1）：34～40.

（一）品牌关系指标评估法

指标评估法的核心思路就是从品牌关系质量的维度出发，将各个维度分解成不同的测项。目前，国内外学者对该问题研究分歧很大，除前文提到 Blackston 的二因素论、南非 Markinor 市场研究公司的三指标论、Fournier 的六指标论、Duncan 和 Moriarty 的八指标论外，还存在以下不同观点：

1. 顾客关系指数

国际知名 CRM 研究专家 Barnes 通过借鉴人际关系测量方法，提出了顾客关系指数，以该指数的大小衡量品牌关系质量。该指数包括的信息有：顾客关系的行为指标，包括购买的频繁程度、关系持续时间、占顾客开支的比例；顾客关系质量指标，包括紧密程度、关系延续的可能性、口碑效应的可能性；顾客满意程度指标；顾客对价值的感觉程度指标等。不同指标的重要性不同，但由于指标权重的确定采用定性而非定量法，因此测量结果难以令人信服。

Rust、Zeithaml 和 Lemon（2001）把顾客资产定义为企业所有顾客终身价值的折现值总和，并从来源的角度提出顾客资产的三个驱动要素：价值、品牌、维系。盖洛普美国总部在一项称为“客户承诺”的研究中，提出品牌关系的五个维度：忠诚、信心、可靠、自豪和激情等，并下设 11 项核心指标。

国内学者在西方研究成果的基础上，更多地基于中国本土文化，提出了不同的看法，主要代表学者有何佳讯、周志民等。

2. 中国品牌关系质量量表（CBRQ）

何佳讯（2006）将西方学者特别是 Fournier 的研究成果与中国社会心理学相结合，提出了该量表。他通过高阶因子结构模型分析，得出 CBRQ 的最优模型是二阶三因子结构，三个高阶因子分别为：象征性价值因子（包括社会价值表达、自我概念联结）、信任—承诺因子（包括信任、承诺）、亲密情感因子（包括相互依赖、真有与应有之情）。这一中国本土化研究成果与 Fournier 的研究在“社会价值表达”和“真有与应有之情”两个构面上存在差异（何佳讯，2008），说明品牌关系质量受当地社会文化环境的影响，具有区域差异性。

3. 广义品牌关系质量量表

中国学者周志民从跨学科角度，结合关系主体和关系性质两个方面来描述品牌关系，将品牌关系分解为产品、品牌、营销者、消费者四个主体，构造了一个包含了 12 大类关系的广义品牌关系结构矩阵，并提出广义品牌关系结构下品牌关系质量的五个因子：承诺/相关度、归属/关注度、熟悉/了解度、信任/尊重度、联想/再认度。该量表相对于其他量表而言更加直观和便于操作。

（二）品牌关系价值评估法

品牌关系价值评估法侧重于评估品牌关系的财务产出，通过财务数据来反映顾客对企业的价值贡献。目前品牌关系的价值评估法主要有三种：顾客关系赢利能力模型、客户价值评估体系和顾客终身价值评估。顾客关系赢利能力模型描述了导致关系赢利的机理，着重从理论层面分析关系的赢利来源。而客户价值评估体系和顾客终身价值评估都是基于客户终身价值视角来评估品牌资产的财务产出。所不同的是，前者认为基本利润、收益增长、成本节约、推荐以及溢价是客户为企业创造收益的主要原因，而后者认为终身价值产生于购买的延续，至于后续的客户贡献则比较笼统。但两者均存在一个问题——顾客购买次数的不确定性，顾客一旦流失就可能永远不会回来，也可能是在几个品牌中不断转换购买。现实中，这两种情况均存在，故增添了评估的难度。

综上所述，无论是狭义的品牌关系还是广义的品牌关系，品牌与消费者之间的关系均是核心，也是各品牌关系质量评估模型的重点。显然，通过科学的评估，可揭示品牌关系质量的高低，进而判断其处在何种发展阶段，同时也有助于预测品牌危机发生的可能性与危害程度。

本章小结

本章从品牌关系主体的视角出发，将品牌关系划分为狭义品牌关系和广义品牌关系。基于理论研究和实践需要的双重考虑，认为包括消费者、品牌、产品、公司四个层面的广义的品牌—社群四重关系模型比较适合现实。品牌关系不会一味地在关系主体间升华，它会由于种种原因恶化或断裂终止，但同时品牌关系也会因补救而得以恢复。所以，品牌关系是一种循环发展的过程。品牌关系发展的健康状况可用品牌关系质量来衡量，目前，用来测量品牌关系质量的方法主要有两类：价值评估法和指标评估法。价值评估法已比较成熟，各种观点趋于一致，而有关指标评估法的研究，各学者莫衷一是。而无论何种评估方法，其本质始终还是以消费者为中心，品牌与消费者两个主体之间关系的研究仍是各评估模型的核心。因此，整个营销传播中首先要建立的就是品牌与消费者之间的关系，该关系的亲疏无疑是品牌危机发生与演化的信号和表征。

第二章　品牌危机的内涵与特质

竞争的残酷性、市场的全球化使任何一个品牌都无法保证自己在多变的市场环境中不会发生波动乃至危机。大量的案例研究表明，即使是知名品牌甚至强势品牌也可能由于品牌危机导致品牌关系断裂，使企业陷入困境。尽管品牌危机爆发日益频繁，造成的负面影响不断增加，然而到目前为止，尚未形成一个统一而且权威的关于品牌危机的界定。国外学者大多关注与产品直接相关的产品伤害危机，并已对其进行了较为透彻的研究。国内学者虽然直接研究品牌危机，但是未对品牌危机的概念加以区分，导致不少研究者将品牌危机与产品伤害危机、企业危机、公共危机三者混为一谈。面对危机的挑战，迫切需要界定什么是品牌危机、品牌危机有哪些特征及品牌危机具有哪些形式。对这些基本问题的探讨，既是品牌危机管理问题的现实起点，也是研究品牌危机管理问题的根本出发点。只有从品牌危机的本源出发，我们才能构建科学的品牌危机预防体系。

第一节　品牌危机的内涵和外延

一、品牌危机的内涵

对概念性问题的认识与界定，既需要谨慎的科学研究态度，亦需要开拓性的思维。本书将归纳与借鉴国内外已有的、具有代表性的关于品牌危机问题的研究成果，进一步结合企业实际案例，界定品牌危机的内涵。

（一）国外研究现状

营销领域对危机问题的研究最初始于产品伤害危机。产品伤害危机是指偶尔出现并被广泛宣传的关于某个产品有缺陷或对消费者有危险的事件（Siomkos & Kurzbard，1994）。国外学者主要从产品伤害危机及其影响、产品伤害危机的应对策略以及产品伤害危机的溢出效应三个方面展开研究。

1. 产品伤害危机及其影响

对产品伤害危机的研究，一方面，学者们关注产品伤害危机本身，依据相关产品标准和法规对产品伤害危机进行分类。Smith 和 Larry（2003）将产品伤害危机分为可辩解型和不可辩解型，在可辩解型产品伤害危机中，由于产品缺陷和伤害没有违规，企业可以有申辩机会寻求利益相关者的同情和谅解；但是在不可辩解型产品伤害危机中，企业往往无法逃避和为产品辩解。另一方面，关注产品伤害危机的影响。Jorgensen（1994，1996）较早运用归因理论来解释危机事件对消费者的影响，发现只要消费者相信有一部分原因是企业可以控制的，这一归因结果就会对消费者产生一系列负面影响。Laufer 等学者（2004，2006）还检验了性别、年龄等人口统计因素对归因的影响。此外，学者们还关注产品伤害危机对消费者行为和态度等更深层次的影响，如消费者的态度、消费者的购买意愿、消费者抱怨行为以及感知风险等一系列问题（Laufer，2002；Kathleen，2008；Vassilikopoulou，2009）。

2. 产品伤害危机的应对策略

产品伤害危机的应对策略一直是众多学者关注和研究的焦点。Allen 和 Caillouet（1994）、Benoit（1995）、Coombs（1995）等学者都对危机应对策略开展了大量的研究，其中 Coombs 的研究最具有代表性。Coombs（1995）将危机应对策略分为五种：否认（认为没有发生危机或者否认针对企业发生危机的指责）、保持距离（接受危机，但试图减少组织与危机之间的联系）、逢迎讨好（组织寻求赢得公众支持）、感到耻辱（组织试图获取原谅）和忍受（把自身描述成危机的受害者）。后来学者的研究基本上都是在此基础上展开的，在考虑产品伤害危机类型和消费者特征的同时，进一步研究企业采取何种危机应对策略最优。对最优策略的选择问题，目前学者们还未达成共识。Siomkos 和 Kurzbard（1994）通过实证研究发现主动召回、积极承担责任能有效挽回消费者的购买意愿。Laufer 和 Coombs（2006）进一步根据消费者的性别和企业是否具有声誉，提出不同情境下有不同的最优应对策略。

3. 产品伤害危机的溢出效应

随着对产品伤害危机问题研究的深入，学者们从只探讨单一发生危机的企业或者品牌扩展到研究危机事件对其他企业和相关品牌的影响。Lei 等学者（2006，2008）发现品牌的负面曝光事件会对具有关联的同类产品产生负面影响，这种影响受到危机事件的严重程度和品牌关联强度的调节。除了研究危机事件对相关品牌的负面影响，还有学者将研究的视角放入整个行业，关注产品伤害危机对竞争对手和整个行业的影响。Dahlen 和 Lange（2006）研究发现，发生危机的品牌会对整个市场的产品大类产生溢出效应，但对竞争品牌的影响则会因品牌之间的相似性程度不同而有所差异，与发生危机的品牌越相似，则该品牌评价下降就越多。Roehm 和 Tybout（2006）进一步指出，发生危机的品牌是否会对整个市场的产品大类产生溢出效应取决于该品牌是否是整个产品大类的代表性品牌。虽然对产品伤害危机的溢出效应的相关研究开展得比较晚，但是频繁爆发的行业性危机，引起了越来越多的学者和研究人员的重视。

（二）国内研究现状

产品伤害危机问题近几年也引起国内学者的关注。王晓玉、吴纪元和晁钢令（2006）研究了产品伤害危机对消费者考虑集的负面影响；方正（2007）分别研究了产品伤害危机的分类和应对方式，还根据消费者的特征，验证了消费者的性别和年龄对产品伤害危机的影响；吴旭明（2008）研究了可辩解型产品伤害危机对品牌资产的影响；刘伟和李国峰（2009）研究了产品危机情境下，企业社会责任对消费者购买意愿的影响。

除了跟国外学者一样开展产品伤害危机问题的相关研究之外，国内学者从中国社会的实际状况和企业的实际问题出发，直接将研究的重点放在品牌危机问题上，主要从品牌危机的成因、品牌危机的预警和防范以及品牌危机的应对三个方面开展研究（李蔚，2000；朱磊，2004；晁钢令、王志良，2006；许安心，2007；刘春章、余明阳、侯傲霜，2008）。这些已有的研究成果有力地推动了我国品牌危机研究的发展，为本书的研究提供了很好的指引，同时也引发了这样的思考：品牌关系的变化是否可以预示品牌危机的发生与演变？从品牌关系的视角，如何更好地界定品牌危机的内涵和实质？品牌危机和产品伤害危机、企业危机等有何关联与区别？

综上所述，国内外学者从不同的关注角度出发，探索了品牌危机的特征性问题，刻画和勾勒出了一些品牌危机具有的共同要素：影响消费者的购买意愿、损害企业的品牌形象、破坏消费者和品牌之间的情感联系。这些共有的要素从总体上界定了品牌危机的概念框架，然而未从品牌关系角度探讨品牌危机的演变，这正是本书所要探讨的主要问题。

（三）内涵

品牌危机，顾名思义，是关于品牌的危机，要解决其内涵问题，不妨从品牌关系的本质出发去一探根源。

1. 品牌关系的本质

上一章概述了品牌关系发展和评估的相关研究，从中可以看出，品牌关系的本质就是一种契约关系。所谓契约，是指双方为实现特定利益目标而达成的共同约定。一方面，企业为消费者提供能够满足其需求的产品和服务，带给消费者精神和物质的双重满足；另一方面，消费者通过对产品和服务的使用和体验，逐渐对企业及其品牌产生信任、购买忠诚和依赖。

这种契约关系不同于白纸黑字签订的契约，是建立在双方共同承诺和认知基础上的一种契约关系。企业承诺对消费者提供具有一定品质保障的产品和服务，同时也履行相关的社会责任；而消费者也要相应地付出货币成本、时间成本和精力成本来购买企业所生产和提供的产品和服务。建立和保持这种品牌关系需要两个基本的前提：品牌认同和互惠互利。品牌认同不等于产品和商标的认知，也不完全等同于企业自身设计的品牌形象或者品牌定位，它所体现的是企业与消费者互动下的消费者的品牌态度，即消费者如何解读品牌形象和品牌定位。显然，消费者越认同这种品牌，就越能与这种品牌保持良好的关系。除此之外，品牌关系的维系还必须建立在互惠互利的基础上。所谓互惠互利，其实质是保持品牌利益与消费者利益的平衡，只有平衡两者之间的关系，才能保证双方的互惠互利，一旦这种平衡关系被打破，契约关系就将发生断裂。

然而，这种通过品牌建立的企业和消费者之间的关系并不是稳定不变的，在激烈的市场竞争下，企业内外部环境的变化、消费者需求和认知的不断变化，致使消费者和品牌之间的关系也呈现动态的变化过程。一旦这种契约关系发生扭曲或者断裂，维系消费者和企业之间的纽带就会受到影响，轻则使品牌受到负面的影响，重则发生品牌危机。

2. 品牌关系稳定性的扭曲

从契约的角度出发，消费者品牌关系应该具有一定的稳定性。因为任何契约关系的缔结都是有成本的，消费者与品牌之间的契约关系也不例外，放弃品牌意味着双方已经付出的成本无法收回。消费者要付出货币成本、时间成本和精力成本，而企业则付出了为建立品牌而进行的专用性投资。因此，从经济学效用理论看，不论是消费者还是企业都倾向于维持这种已经形成的品牌关系，所以契约关系具有一定的稳定性。然而消费者处在品牌关系的核心地位，他们对品牌的态度在很大程度上决定了契约关系能否稳定持续。消费者是独立的“人”，多样化的需求、机会主义等消费者特性也将导致消费者不会因为曾经拥有就永远遵守契约。尤其是当企业发生品牌危机时，消费者的品牌认同随之产生较大变化，契约关系稳定性在不断被扭曲，随着扭曲程度的加深，危机也在持续恶化，最终可能导致稳定性的彻底消失。

3. 品牌关系良性循环的断裂

健康的品牌关系应有良性循环的发展过程，正如上一章所叙述的，品牌关系经历了注意、了解、共生、相伴直至忠诚。然而，品牌契约不同于其他类型的契约，在品牌关系中，消费者具有单方面放弃契约关系的权利。在品牌危机中，由于消费者感受到企业的背叛，产生强烈的不信任和怀疑情绪，从而会放弃品牌或者联合其他消费者一起抵制该品牌提供的产品和服务，使品牌关系良性循环过程戛然而止。2001 年，中央电视台曝光南京冠生园的“陈馅月饼”，在事件发生后，厂家采取了消极对待的态度，最终导致了南京“冠生园”品牌的消亡。在少数情况下，由于环境的变化或者消费者购买需求的改变，消费者即使购物满意也会中止与企业之间的品牌关系。因此品牌关系破裂的原因是多种多样、非常复杂的，只有找出品牌契约关系断裂的真正原因才能有利于企业维持有价值的关系，才能够帮助企业及时采取措施防止关系循环的断裂。

综上所述，本书对品牌危机作出如下界定：品牌危机是由被广泛宣传的负面事件导致的品牌关系严重扭曲乃至暂时或永久性断裂的状态。

二、品牌危机的外延

由于缺乏对品牌危机概念统一而且权威的界定，众多学者根据自己的研究兴趣，采用不同的称谓和分类标准，对与品牌相关的负面事件展开研究。如有的学者直接称其为负面曝光事件（Geeta，Jewel & Unnava，1999；Ahluwalia，Burnkrant & Unnava，2000；Dwane，2004），也有的学者称其为产品危机、品牌丑闻、企业灾难、企业灾祸、负面品牌曝光事件等，并对各种各样的负面曝光事件进行了分类，如 Coombs（2004）把负面曝光事件分为受害性、偶发性和有意性三类，其中，受害性负面曝光事件包括流言、产品被篡改等；偶发性负面曝光事件包括产品伤害事件、技术失败导致的伤害事件等；有意性负面曝光事件包括企业犯罪、人为负面曝光事件等。Pullig、Netemeyer 和 Biswas（2006）把负面曝光事件归结为两类，分别是与绩效相关的负面曝光事件和与价值观相关的负面曝光事件，前者是指企业产品可能造成重大伤害或已造成重大伤害的事件被曝光，后者是指与企业的社会形象或伦理表现有关的负面事件被曝光。Votolato 和 Unnava（2006）把负面曝光事件分为与能力相关的事件及与道德相关的事件，这与 Pullig、Netemeyer 和 Biswas（2006）的分类基本一致。

从学者们对品牌危机相关主题的不同称谓及分类中可以看出，品牌危机的外延较广，但是究其本质却具有一致性。这些关于品牌的负面信息都会对企业品牌产生较大的影响，同时危及企业的相关利益群体。根据对品牌危机内涵的分析和品牌危机的特质，本书将品牌危机划分为与品牌核心要素相关和与品牌核心要素不相关的品牌危机、主动与被动的品牌危机、行业性与非行业性的品牌危机。

在这个危机划分方式中，我们采用了三个基本标准：一是核心和非核心的标准——是否危及品牌的核心要素；二是主动与被动的标准——危机是企业内因造成的，还是外因造成的；三是行业与非行业的标准——危机爆发后是否会危及整个行业。前两个标准是从单个企业角度出发，后一个标准是从整个行业角度出发。

（一）核心要素品牌危机与非核心要素品牌危机

是否危及品牌的核心要素是区分核心要素的品牌危机和非核心要素的品牌危机的关键。所谓危及品牌的核心要素，主要是指由于消费者对品牌认同的改变，导致品牌核心联想的改变。品牌核心联想体现了品牌的核心价值，通过对品牌核心联想的感知，消费者形成了对于品牌的总体认知和判断。当某品牌产生负面信息时，消费者会根据已有的品牌知识判断这个负面事件对品牌影响的严重程度及是否跟品牌的核心联想相关。Dawar 和 Lei（2009）通过实证研究指出，对品牌造成伤害的未经证实的品牌定位或虚假的品牌主张都会造成品牌危机，而危机的影响与危机的核心联想相关。比如农夫山泉“砒霜门”事件，肯德基、麦当劳涉嫌致癌危机，以及 2008 年沸沸扬扬的三聚氰胺毒奶粉危机，这些危机都直接危及品牌的核心要素，改变消费者对品牌的核心联想，引起消费者对品牌的不信任和怀疑，从而造成品牌关系的断裂。

非核心要素品牌危机是指没有直接影响到品牌核心要素的危机。这类危机的爆发通常由与品牌核心要素无关的事件引发，如品牌延伸的失败、企业商业伦理的缺乏等。非核心要素品牌危机的形成也会影响消费者对品牌认知的改变，但是这种影响没有触及品牌的核心，因此对消费者态度和行为的影响相对而言没有那么严重，可能会造成消费者品牌关系的扭曲或者暂时性的断裂。比如 2008 年万科王石的“捐款门”事件，引起了全国网民的争议和万科内部员工的不满，迫于民众压力，王石急批 1 亿元资金参与灾后重建，并借助新闻媒体向广大网友致歉，才让万科重获消费者的理解和支持。2009 年，国美电器前主席黄光裕涉嫌违规资本运作并最终获刑，虽然他是国美的董事局主席，但此事件在消费者看来更多地是黄光裕的个人行为，所以对国美品牌经营和销售的直接影响并不大。从以上两起危机事件来看，虽然危机对品牌造成了一定的负面影响，但是因为危机并未直接影响到品牌的核心要素，所以对消费者态度和行为的改变较小，消费者只是在一段时间内暂时停止购买该品牌的产品，对品牌关系的影响也是暂时的。企业面对此类危机，若能抓紧最佳时机，及时采取有效的应对策略，就能挽回消费者的信心，重塑消费者与品牌之间的良好关系。

（二）主动品牌危机与被动品牌危机

主动品牌危机与被动品牌危机是从消费者归因角度出发来进行划分的。归因是消费者加工信息的一种方式，是指消费者判断导致某事件或行为的原因和责任方的过程。归因结果会直接影响消费者对品牌危机的认知、对危机责任的判别和对危机严重程度的感知，进而会影响他们对品牌的评估和未来的购买意愿。主动的品牌危机往往是由企业内部可控性因素引发的，如产品质量问题、虚假的品牌宣传、企业社会责任的缺失等。消费者认为在这类危机中，企业应该承担主要责任，从而会对发生危机的品牌产生怀疑或者失去信任，暂时性或永久性地停止对该品牌的购买，导致品牌关系的断裂。比如2008年蔓延国内多个品牌的三聚氰胺毒奶粉危机，2011年初沃尔玛、家乐福等大型连锁超市出现的价格欺诈等危机事件都属于比较典型的主动品牌危机，这些危机是由企业自身的原因造成的，消费者会认为自己在危机中受到了较大伤害，希望得到企业的道歉和补偿。

被动的品牌危机多为企业不可控的外部因素引发的，如竞争对手的蓄意诬陷、媒体的不实报道、政府的限制性法规出台等。例如，2009年海口市工商局向部分媒体发布“消费警示”，称农夫山泉和统一企业的有关产品不合格，砷含量超标，由此引发了社会各界的关注和媒体的热议，而最终经过相关机构的检验认定确系冤案，但是仍在一段时间内造成消费者的怀疑和不信任，导致品牌关系的暂时性中断。经过查验后，消费者认为陷入危机中的企业是值得同情和理解的，在这种情境下，若企业能及时跟专家和权威机构沟通，采取合适的辩解策略，有效解决危机问题，就能很快恢复和重塑消费者与品牌之间的关系。

（三）行业性品牌危机与非行业性品牌危机

行业性品牌危机与非行业性品牌危机依据危机爆发后波及的范围进行划分。行业性品牌危机是在整个产品大类或者行业内的危机。行业性品牌危机的爆发一方面由于行业内部产品的同质性比较高，发生危机的品牌容易影响到其他同类产品；另一方面是由于整个外部因素的变化也会导致行业性危机的发生，如金融危机爆发导致整个经济的委靡和萧条，政府出台限制性法规，直接影响某个行业。2006年，笔记本电脑电池爆炸事件频发，戴尔、苹果、索尼等厂商都先后宣布召回存在安全隐患的某些型号笔记本电脑的电池。2008年三鹿三聚氰胺事件发生之后，蒙牛、伊利也爆发危机，迅速地在整个乳品行业中引发一场风波，一时之间消费者对所有品牌的奶粉都产生怀疑，部分消费者甚至改变长期养成的喝牛奶的习惯，选择豆浆、米粥等替代品。2010年由于油门踏板和脚垫的安全故障，丰田自2009底开始在全球大规模召回车辆，总裁丰田章男在全球范围内“巡回道歉”。丰田汽车的全面召回，引发了消费者对日系车消费信心的降低。在爆发行业性危机的时候，消费者对整个行业内的所有品牌都持有不信任和怀疑的态度，这不仅仅导致消费者品牌关系的暂时性断裂，甚至会引发消费方式的改变，从而造成消费者品牌关系的永久性断裂。

非行业性品牌危机主要指危机的爆发只跟单个企业有关，消费者不会因为该品牌发生问题而对所有品牌都持怀疑态度。发生在单一企业或者品牌中的危机事件是否会影响竞争对手和整个行业，与危机事件的严重程度和品牌之间的相似程度有关，一些学者的研究也证实了这一观点（Lei，2006，2008；Dahlen& Lange，2006；Roehm & Tybout，2006）。从消费者—品牌关系角度出发，行业性品牌危机是多个企业品牌关系断裂的叠加作用，比单个企业的品牌危机更加严重，造成的消费者态度和行为的改变更加强烈，会造成品牌关系的永久性断裂，使恢复和重塑工作变得更为艰巨。

（四）复合型的品牌危机

不论是核心要素品牌危机还是非核心要素品牌危机、主动品牌危机还是被动品牌危机、行业性品牌危机还是非行业性品牌危机，都是从理论意义上的一种理想状态的划分。如果从中国企业的实际状况出发，可以发现，很多企业发生的品牌危机，都不是单一的状态，而是一种或几种复合状态的品牌危机，如下图所示。

	主动	被动
核心	C1	C2
非核心	C3	C4

复合型的品牌危机

上图通过矩阵将两类单个企业的品牌危机划分标准进行分类交互，C1 表示主动核心因素引发的品牌危机。如 SK-II 自 1998 年进军中国内地市场，到 2005 年已稳居中国内地高端化妆品市场销量前三，它致力于亚洲女性肤质的改善，代表着简约、高雅与一流，深受中国内地消费者的喜爱。然而，2006 年，国家质检总局查出 SK-II 化妆品中含有过量的铬和钕，SK-II 的品牌认知被“金属过量”、“脸部伤害”等负面词组代替，消费者从危机前对 SK-II 品牌的追捧转至危机后“谈 SK-II 色变”。消费者品牌态度的变化导致许多消费者减少对危机品牌的购买，持续的减少最终导致了消费者的购买终止，2006 年 9 月，宝洁 SK-II 被迫宣布暂时退出中国内地市场。主动核心因素引起的品牌危机，会让消费者感知到的风险程度更高，造成品牌关系断裂的程度更严重，对消费者购买行为的影响也更大。

C2 表示被动核心因素引发的品牌危机。如 1996 年，湖南老汉喝完“三株”口服液之后去世，其家属向“三株”索赔。三株集团经过调查发现事故并非企业责任，拒绝让步赔偿，遭到拒绝之后的家属将三株集团告上法庭。虽然“三株”最终获胜，但三年官司缠身却使其全面丧失了消费者的理解和信任，最终“三株”口服液的销售在全国范围内全面停止，“三株”口服液黯然退出了市场。被动核心因素引发的品牌危机会在一定程度上得到消费者的同情，但是若企业不能采取合适的应对策略，同样会引起消费者品牌关系的永久性断裂。

C3 表示主动非核心因素引发的品牌危机。如 2010 年肯德基“秒杀门”事件，肯德基公司在网上推出“超值星期二”秒杀活动，64 元的外带全家桶只要 32 元，于是在全国引发热潮。但当消费者拿着从网上“秒杀”到的半价优惠券进行购物时，肯德基却单方面宣布无效。而肯德基在中国地区的负责人发表声明称，由于部分优惠券是假的，所以取消优惠兑现，并向顾客致歉。此举引发了顾客的集体愤怒，消费者在网上和实体店联名抵制，最终以肯德基道歉结束。虽然未曾导致消费者停止购买，但是损害了品牌在消费者心中的形象，造成消费者品牌关系的扭曲和暂时性的断裂。对于主动非核心因素引发的品牌危机，企业仍然负有不可推卸的责任，同样必须取得消费者的谅解才能真正化解危机。

C4 表示被动非核心因素引发的品牌危机，如竞争对手的诬陷、媒体的不实报道等。2009 年，农夫山泉陷入“诈捐门”事件，报道指出农夫山泉“喝一瓶水，捐一分钱”支援慈善事业的活动存在惊人骗局。每瓶农夫山泉水中的一分钱本该属于“饮水思源”宋庆龄基金会的助学款，却被农夫山泉无情地侵吞了至少 4 个月。一时间舆论哗然，农夫山泉声称报道不实，与《公益时报》大打舆论战。最终经过验证，这起报道属于不实报道。由于这类事件往往起因于谣言或者诬陷，影响的又是品牌的非核心因素，因此造成的危害程度不大，很多消费者也不会因此就改变自己对该品牌的态度和购买行为。

对于品牌危机类型的确定，有助于正确认识危机本质。事实上，综合分析各类不同来源的品牌危机我们可以发现，影响品牌危机最终损害程度的因素，大体可以分为两类：一类是品牌危机本身的严重程度，如核心的品牌危机比非核心的品牌危机造成的影响和伤害程度大；另一类是发生品牌危机后企业的应对策略，有些危机虽然并不严重，比如“三株”遭遇的危机，虽然始于新闻媒体的不实报道，然而由于企业的错误应对，最终导致整个三株集团的悲剧性消失。企业不同的反应策略也带来不同的消费者反应。因此，辨析清楚危机的类型，有助于提高企业的危机管理能力。后面章节将会根据不同类型品牌危机的特点，分析企业所能采取的合适的应对和恢复策略。

第二节 品牌危机与其他危机的异同

通过对品牌危机内涵和外延的分析，我们已经对“品牌危机是什么”这一问题有了比较全面的认识。在此基础上，通过对比在实践中和学术研究中常见的三种危机类型来探析品牌危机的特质。

品牌危机和产品伤害危机、企业危机、公共危机一样，都是危机，都具有危机的共同要素，即突发性、紧迫性、威胁性和破坏性等特征。这些特征是所有危机共有的，除此之外，品牌危机还具有一些自己的特点。

一、品牌危机与产品伤害危机

产品伤害危机是指偶尔出现并被广泛宣传的关于某个产品有缺陷或对消费者有危险的事件（Siomkos & Kurzbard，1994）。Smith 和 Larry（2003）依据“能否在媒体或法庭上澄清和证明产品无害、没有缺陷”，将产品责任分为可辩解型和不可辩解型两类。方正（2007）依据这一思路，按照“产品缺陷或伤害是否违反相关产品法规或安全标准”也将产品伤害危机分为可辩解型和不可辩解型两类。产品伤害危机会导致品牌危机，但是品牌危机不一定都是产品伤害危机。

首先，从危机成因来看，产品伤害危机的成因很简单，就是产品质量存在缺陷，从而给消费者带来伤害，而品牌危机的引发原因并非单一产品质量问题，虚假广告、品牌延伸失误、企业未履行社会责任等都会造成品牌危机。例如，强生止痛贴涉嫌致命危机、高露洁牙膏涉嫌致癌危机、白加黑等感冒药涉嫌致命危机、惠普笔记本电池爆炸危机，等等，这些都属于典型的产品伤害危机，由于产品质量的缺陷给消费者带来了伤害，同时危及企业的品牌。有些品牌危机并非由产品质量问题引发，比如诺基亚等手机制造商涉嫌违反《劳动法》建立血汗工厂、佳洁士涉嫌勾结牙防组、紫金矿业污染事件等都引发了品牌危机，然而这些事件都跟产品质量无直接关系。

其次，从危机评判标准来看，产品伤害危机可以通过“产品缺陷或伤害是否违反相关产品法规或安全标准”来进行判断和诊断，不过除了由于产品伤害引发的品牌危机之外，大量的品牌危机没有统一的判断标准。如 2004 年巨能钙被指双氧水含量超标，若摄入过多会导致癌症。由于国家质检部门发现巨能钙的双氧水含量并没有超过国家标准，卫生部也出面声明双氧水不会对人体造成伤害，因此巨能钙的这次事件并没有造成产品伤害危机，未引发消费者的起诉和负面评价。然而，对于大量品牌危机，由于其成因的复杂性，消费者对发生危机的品牌不能作出准确判断，尤其是信誉危机。比如农夫山泉的“诈捐门”事件，消费者很难辨别事情的责任在谁，相关机构也没有统一的标准衡量到底是农夫山泉诈捐，还是《公益时报》报道不实，于是两者只好大打舆论战，结果往往是不了了之，消费者还是不知真相。基于自我保护的机制，面对这种状况，大部分消费者都是“宁可信其有，不可信其无”，最终让企业很难为自己澄清和辩解。

综上所述，品牌危机和产品伤害危机的区别就在于危机成因和危机评判两个方面。

二、品牌危机与企业危机

除了产品伤害危机之外，另一个与品牌危机相关的概念就是企业危机。对企业危机的界定，学者们众说纷纭，尚未达成一个统一的定义。劳伦斯·巴顿（Laurence Barton）指出，危机是一个会引起潜在负面影响的具有不确定性的大事件，这种事件及其后果可能对组织、员工、产品、服务、资产和声誉造成巨大的损害。企业危机的类型大致可以分为内因和外因两大类。企业内部引发的危机主要包括战略选择危机、运营管理危机、产品开发危机（新产品研发失败）、销售危机（品牌虚假宣传以及欺诈）以及财务危机等；而外因则由政治法律因素、宏观经济环境、社会文化环境、行业竞争、媒介导向、公众因素等要素组成。企业危机的相关研究主要集中在企业危机预警系统的建立、企业危机应对策略的选择以及危机爆发后企业的恢复过程。

根据对已有文献的分析和整理，可以发现品牌危机是企业危机中的一种，但企业危机却不一定是品牌危机。比如，1993 年巨人推出中文手写电脑等多种产品，成为位居“四通”之后的中国第二大民营高科技企业；1995 年，史玉柱被《福布斯》列为内地富豪第八位；1997 年，烂尾的珠海巨人大厦为史玉柱带来上亿债务，巨人集团终于不堪重负，轰然倒下。巨人集团的倒下，无疑是一场由于企业内部经营不善引发的负债过多，从而导致企业风险增大，最终入不敷出的企业危机。但是巨人推出的保健品、电脑产品等并未发生危机。

品牌危机作为企业危机的一个范畴，在研究上必然要借鉴企业危机研究的理论和方法，但是品牌危机更加侧重从品牌关系维护的角度出发去防范和应对危机，更多地从消费者的视角出发去探究企业的品牌负面事件对消费者品牌关系的影响，而企业危机的研究更多地关注从管理制度和机制出发，对危机进行预警和防范。

三、品牌危机与公共危机

除前面分析的产品伤害危机和企业危机之外，另一个容易与品牌危机混淆的概念是“公共危机”。从目前的现实状况来看，学术界对于公共危机的界定也不清晰。综合来看，公共危机就是突发的、对全社会共同利益和安全产生严重威胁的一种危险境况或者紧急状态。由于诱发公共危机的原因复杂多样，加上不同学者研究的视角不尽相同，其分类标准存在很大差异。公共危机大体上可以分为五大类：灾害性危机事件，比如地震、洪水、台风等；事故性危机事件，如重大安全和环境污染事件（毒奶粉危机、SARS 等）；政治危机事件，如涉及国家主权、领土安全的事件等；经济危机事件，比如金融危机、经济萧条；突发性社会安全事件，比如战争、恐怖袭击等。

通过对公共危机类别的分析，我们可以发现品牌危机和公共危机的两大区别：①从影响范围来看，品牌危机涉及的仅仅是消费群体，而公共危机则会对整个社会群体产生危害。公共危机是威胁整个社会系统的一种危机，对社会政治、经济和公众产生心理的影响是巨大的，如“9·11”恐怖袭击、SARS 事件、钓鱼岛事件等。②从危害程度来看，公共危机会造成巨大的民生损害、经济损失和政治不稳定，引发政府的信任危机或生存危机，导致社会混乱，使社会公众产生心理恐惧和严重不安全感，某些危机的影响甚至具有全球性和长期性。品牌危机的影响往往始于企业，若企业不能采取行之有效的策略，则可能造成消费者身心的伤害，重则引发大规模的行业危机甚至社会危机，诸如乳品行业危机、手机行业电池爆炸危机、汽车行业的召回危机，等等。

品牌危机多爆发在企业这一微观层面，对品牌危机的研究多从营销、企业管理的视角出发进行探讨；而公共危机由于其影响的范围更广，造成危害的程度更深，社会学、传播学的学者更多地从宏观视角对此开展研究。

第三节 品牌危机的特质

通过对比品牌危机与产品伤害危机、品牌危机与企业危机以及品牌危机与公共危机，总结出品牌危机具有以下特质：

一、品牌危机的复杂性

由于品牌关系涉及多个主体，各主体与品牌的接触点有所不同，造成品牌危机风险点过多，所以品牌危机很少是由单一因素造成的，而是由多个主体与品牌长期摩擦积累产生的。随着社会的发展，品牌竞争所面临的环境日益复杂多变，企业组织内部管理和控制能力的有限性与社会外部环境变化的多样性和复杂性之间的矛盾，导致品牌遭遇危机的必然性。前文从理论上将品牌危机分为三大类，但现实中很难清楚地区分到底是哪一种因素引发了品牌危机，同时具有多个因素的复合型品牌危机是企业经常会面对的危机。

品牌危机虽然具有复杂性，但是大多数学者都认为，品牌危机的爆发并非偶然，而是具有一定的征兆，企业若能通过建立完备的危机预警系统加以探测和识别，则能透过纷繁复杂的表面现象，找到诱发危机的根本原因，从而采取行之有效的应对策略，降低企业品牌在危机中的损失。

二、品牌危机的动态性

品牌危机的发生是一个逐渐变化的过程，各种影响危机的因素在此过程中此消彼长、共同作用，最终产生一个动态演变的过程。品牌危机的演变过程可以分为三个阶段：品牌危机潜伏期、品牌危机爆发期和品牌危机恢复期。在品牌危机的演化发展中，这三个阶段是相互联系、相互制约的，品牌危机潜伏期的有效控制可能会延缓企业进入品牌危机爆发期的时间，也有可能会使其越过品牌危机演化的另外两个阶段直接走出品牌危机。但是三阶段又具有各自的特性，这些特性具有相对稳定性，可以通过对消费者品牌关系质量的衡量来具体加以区分。本书第三章将会通过定量分析来证实品牌危机的这一动态演变过程。从动态演变的角度研究危机，应认识到从最初的品牌负面事件影响扩大到最后的品牌彻底毁灭是一个动态过程，对这一过程的监控和管理，可以帮助企业及时应对和控制危机。

然而，并不是所有的品牌危机都会顺次经历这三个阶段，在企业危机管理过程中，品牌危机演化阶段的划分也不是绝对的，各阶段所经历的时间长短也是不一样的，企业应该根据危机演化期间表现出来的一些特征灵活掌握。比如1996年“三株”遭遇的人命官司，尽管是由于不实报道，最终“三株”也通过法律程序得到了澄清，但是由于在品牌危机的爆发时期，三株集团消极应对，导致消费者的反感和不信任，不到3个月的时间，“三株”产品销量大减，3年之后，“三株”退出市场。若企业能积极有效地应对，一方面积极寻求法律的援助，另一方面诚恳获得消费者的谅解和支持，那么三株集团就可能直接走出品牌危机，避免悲惨的结局。理解品牌危机具有动态演化的特性，可以帮助企业认清自己所处的危机状态，及时采取有效的应对策略，尽快帮助企业走出危机，获得重生。

三、品牌危机的扩散性

品牌危机的扩散性是多角度的。品牌危机可以经由品牌的问题引发整个企业的危机，从企业内部向外部扩散，进而引发整个供应链上相关企业甚至整个社会的危机。2008年全国大面积爆发的三聚氰胺毒奶粉危机，其起源是三鹿奶粉被查出含有三聚氰胺，接着陆续爆出奶粉以及奶制品行业添加三聚氰胺的潜规则，一时之间，蒙牛、伊利都被卷入危机，甚至供应链上游的奶农也不能幸免。从2009年高露洁等部分牙膏致癌危机等几次发生连锁反应的品牌危机事件来看，品牌危机之所以易扩散，一方面是因为这些发生危机的品牌与竞争对手品牌之间的相似性和关联度过高，所以当一个品牌发生危机之后，消费者出于自我防卫的心理机制，会连带怀疑与之相似的所有品牌。另一方面是因为危机的品牌应对不及时，应对策略不恰当，导致一个危机引爆另一个危机，从而产生连锁反应。虽然品牌危机具有易扩散性，但当主要危机得到及时解决时，其他危机就会跟着迎刃而解。若所有品牌危机都没有得到彻底解决，则有可能加剧这种扩散反应。

从这些品牌危机的特质可以看出，如果在危机的萌芽并逐步蔓延阶段，企业能采取行之有效的应对策略，就能扭转局面，转危为机。所以对企业而言，了解和掌握品牌危机的产生和发展过程就显得尤为重要。

本章小结

品牌危机是由被广泛宣传的负面事件导致的品牌关系严重扭曲乃至暂时或永久性断裂的状态。根据品牌危机的内涵，按照是否危及品牌的核心要素可以分为核心要素品牌危机和非核心要素品牌危机，从危机归因视角则可以分为主动品牌危机与被动品牌危机，从危机波及的范围来看可分为行业性品牌危机与非行业性品牌危机。品牌危机同产品伤害危机相比具有成因复杂、缺乏统一的评判标准的特点；品牌危机属于企业危机的研究范畴，但是更加侧重从消费者的角度出发，关注危机对品牌的影响；品牌危机没有公共危机那么大的影响范围和伤害程度，但是一旦企业处置不当，有可能引发大规模的行业危机甚至公共危机。品牌危机具有复杂性、动态性和扩散性的特质。

第二编

品牌关系视角下的品牌危机演变与影响

第三章　品牌危机的演变

本书第二章介绍了品牌危机的内涵与外延，表明了品牌危机从本质上是品牌与消费者关系因危机事件的影响而发生的扭曲和断裂。本章在分析品牌危机成因的基础上，通过对品牌危机阶段性演化机理的实证研究，阐明品牌危机演变三个阶段的特征。

第一节　品牌危机成因

品牌危机成因研究已受到学术界的广泛关注，然而更多的分析是从企业管理的视角提出的，从消费者与品牌关系的角度进行品牌危机成因探讨方面相对薄弱。本书将从品牌关系的视角出发，重新思考品牌危机的成因。

一、企业管理角度

学术界关于品牌危机成因的研究很多，大体可以归结为内因和外因两大类。内因是事物变化发展的内在根据和基础，是事物运动的源泉和动力，规定了事物运动和发展的基本趋势。外因是事物存在和发展的外部条件，通过内因作用于事物的存在和发展，起到加速或延缓事物发展进程的作用。

品牌危机发生的内因可以从企业与品牌两个方面进行探讨。企业方面主要包括企业产品质量问题、组织内部管理问题（如高层人事变动、售后服务、资金链断裂等）和外部营销问题（如品牌的虚假宣传及欺诈行为），而品牌方面主要包括素质缺陷、执行策略（包括扩张策略、延伸策略、定位策略、传播策略和生命周期策略）的失误。品牌危机发生的外因主要涉及政治法律因素、宏观经济环境、社会文化环境、行业竞争、媒介导向和公众因素等。

二、品牌关系角度

通过第二章对品牌危机内涵的界定，我们知道品牌危机是由消费者与品牌心理契约违背造成的，是品牌关系的扭曲与断裂。Halinen 和 Tahtinen（2002）指出了三类影响关系终止的因素：诱导因素、紧急事件、衰减因素和事件，并确定了五种关系终止过程的类型：选择的、被迫的、自然的、渴望的、预先确定的。然而，品牌危机并不能简单地等同于品牌关系断裂。品牌危机的发生是由品牌关系的扭曲或断裂引起的，但是品牌关系的断裂不一定是由品牌负面事件引起的。消费者中止品牌关系并不意味着该品牌犯下了严重的错误，很多情况下，品牌关系的中止是由消费者偏好改变或者品牌的自然转换所形成的。因此，品牌危机是受到品牌负面事件影响而形成品牌关系断裂所导致的一种品牌资产受损状态。

不同类型的品牌危机成因各异，了解品牌危机成因对品牌危机管理具有理论指导意义。第二章将品牌危机的外延定义为核心要素品牌危机与非核心要素品牌危机、主动品牌危机与被动品牌危机、行业性品牌危机与非行业性品牌危机，接下来将从不同的品牌危机类型入手，分析品牌关系视角下的品牌危机成因。

（一）核心要素品牌危机与非核心要素品牌危机：品牌关系的重度断裂与轻度断裂

核心要素品牌危机因各品牌核心要素的不同而不同，如有的是因产品伤害引起，有的则因品牌形象和文化的改变引发，所以不可一概而论。如20世纪80年代可口可乐改变配方事件，在消费者看来，这是对可口可乐品牌文化的篡改，他们组织了抗议配方改变、阻止新可乐销售的游行示威。但可口可乐公司果断采取了应对措施，使这场危机很快平息下来。可见，核心要素品牌危机改变了消费者基于品牌联想的认知，从而导致消费者态度的转变。消费者态度的变化会进一步诱发品牌购买的减少，购买的大规模且持续的减少或中止代表着消费者品牌关系的重度断裂，消费者品牌关系的重度断裂直接促成与加深品牌危机的形成与演化。

非核心要素品牌危机的形成根本上是消费者感知的品牌形象出现差异。消费者感知到品牌形象出现差异后，会形成一种心理上的品牌抵触，这种品牌抵触会促使消费者的品牌态度发生转换，但是并不会发生明显的品牌购买转换，也就是说品牌关系并不会彻底断裂，只会造成品牌关系一定程度的扭曲。万科的“捐款门”是一次较为典型的非核心要素品牌危机。2008年“5·12”汶川大地震后，万科捐款200万遭到网友质疑，王石以“200万是个适当的数额”、“万科普通员工的捐款以10元为限”回应质疑，遭到网友的强烈反对。消费者感知的万科形象是一个“值得信任”的公司，然而作为万科“代言人”的王石却抛出此番言论，让消费者对此形象的感知出现了差异。消费者对万科品牌形成一定程度的抵触，造成万科股价大跌，然而此次“捐款门”并未形成明显的品牌购买转换。

核心要素的品牌危机与非核心要素的品牌危机成因的最大区别在于，核心要素的品牌危机成因是品牌关系的重度断裂，而非核心要素的品牌危机成因只是品牌关系的轻度断裂。

（二）主动品牌危机与被动品牌危机：品牌关系的真实断裂与虚假断裂

主动品牌危机会使消费者对危机品牌失去信任，致使品牌关系断裂，甚至导致品牌灭亡。形成主动品牌危机的品牌关系断裂是一种真实断裂，一旦断裂，企业得花费大量的精力去进行危机应对与关系再续，即使这样，品牌关系再续也不一定能够实现。

被动品牌危机下的品牌关系只有轻度扭曲，即使断裂也是暂时的，消费者会在品牌采取行动后再续品牌关系。简而言之，被动品牌关系是由品牌关系的虚假断裂引起的，这种品牌关系的断裂会在企业进行澄清或改革等应对后迅速消失。

主动品牌危机与被动品牌危机成因的主要区别在于：主动品牌危机是由品牌关系的真实断裂引起的，而被动品牌危机是由品牌关系的虚假断裂引起的。

（三）行业性品牌危机与非行业性品牌危机：消费者与行业的关系断裂和消费者与品牌的关系断裂

行业性品牌危机发生的原因主要有三个：一是整个行业的产品或者服务存在同样的不完善或者弊病；二是经济危机或者消费方式调整等外界因素对整个行业的冲击过大；三是政府对整个行业的打击。可以说，行业缺陷与外界因素（包括经济危机、消费方式调整以及政府打击）影响是导致行业性品牌危机的主要原因。行业性品牌危机的特殊性在于其是消费者与行业关系的断裂，消费者并不针对某一具体品牌，而是对全行业所有品牌、产品或服务所形成的关系断裂。2008 年震惊全球的中国“毒奶粉”事件引发的奶粉行业危机、金融危机下汽车行业危机及其他形形色色的行业性危机的爆发使得对行业性品牌危机的研究具有深刻的实践意义。

非行业性品牌危机的发生较之行业性品牌危机而言更为频繁，上文中核心要素与非核心要素的品牌危机以及主动与被动的品牌危机都主要针对非行业性品牌危机进行讨论。非行业性品牌危机是消费者与单个品牌关系断裂所引起的，消费者只与特定的品牌中断关系，一般会与行业中其他品牌建立关系。

行业性品牌危机与非行业性品牌危机成因的最大区别在于：行业性品牌危机是消费者与行业关系断裂的产物，而非行业性品牌危机则是消费者与单个品牌关系断裂的结果。

第二节 品牌危机演变阶段

任何事物的发生与发展都有其特定的规律，品牌危机的演变也是如此。尽管品牌危机的成因千差万别，但其演化发展具有共性，不同类型的品牌危机的演变是相同的。

危机具有随时间和环境的变化而变化的特征，这说明品牌危机爆发并不是一个静态的过程，从最初品牌事件影响逐步扩大到最后品牌危机全面爆发，是一个受到品牌危机情境影响、连续不断的动态过程。尽管品牌危机会随着时间不断深化发展，但是在限定的时间和环境内，危机不变论具有一定的合理性。也就是说，尽管品牌危机的演变发展是一个动态的过程，但其发展过程会呈现出阶段性特征，并且各个阶段的特征相对稳定。

国内外学者对于品牌危机管理动态性的研究已初成系统，按危机阶段数量来划分，主要有“三阶段说”、“四阶段说”、“五阶段说” 和 “六阶段说”。

“三阶段说” 的主要代表有伯奇和古斯，他们把危机管理分为危机前、危机和危机后三个大阶段，每一个大阶段中又可以分为若干小的阶段。

“四阶段说” 的主要代表是罗伯特·希斯，他提出 4R 模型，认为企业品牌危机管理机制可以包括四个阶段：缩减阶段、预备阶段、反应阶段和恢复阶段。国内学者余明阳等人根据事件分析模型，指出由事件转化为危机的过程是一个包含四个阶段的循环：起源、干预与扩大、成型、解决。

在“四阶段说” 中，有关品牌危机周期的概念也多次被国内外学者提出。Steven Fink 在《危机管理：对付突发事件的计划》中首次提出了危机的生命周期理论，将危机分为前期症状阶段、急性阶段、慢性阶段和治愈阶段，比较全面地论述了危机预防、危机处理计划、危机识别、危机隔离、危机通信和危机决策等具体内容，为建立危机管理理论体系奠定了基础。曹金华提出品牌危机周期的概念，认为品牌危机常常是由一系列小事件逐渐发展而来的，将品牌危机由序曲、开端、发展、高潮、结局、尾声等发展阶段进行归纳，典型的品牌危机周期大致可划分为四个阶段，如图 3-1 所示。以曲线表示危机发展、变化的大致轨迹，将品牌危机区分为潜伏期、触发期、危险期和消退期四个阶段。在品牌危机发展的每个阶段，企业都必须根据其所面临的回应压力的大小，作出相应的消极被动的反应或积极主动的管理。

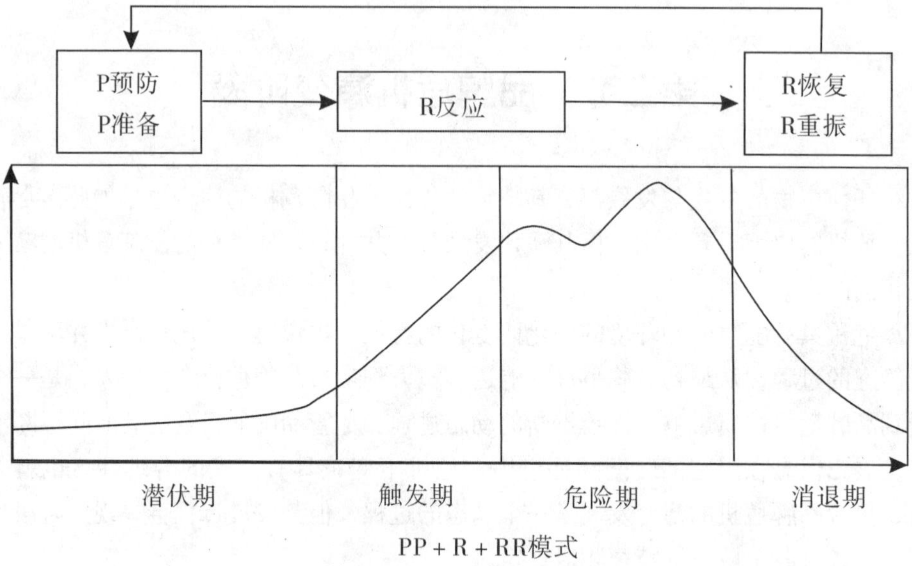

图 3－1 品牌危机周期

资料来源：曹金华，赵瑞峰. 品牌危机管理研究［J］. 企业活力，2007（12）：30～31.

“五阶段说”主要有危机管理专家米特洛夫在 1994 年提出的五阶段模型（也被称为 M 模型）：信号侦察阶段，识别新危机发生的警示信号并作出评估；探测和预防阶段，搜寻已知的危机因素并努力减少潜在危机；控制损害阶段，控制危机危害的烈度，使组织机构正常运行；恢复阶段，尽快恢复因危机造成的损失，恢复机体正常的功能；学习阶段，反思危机管理的全过程。

“六阶段说”的主要代表是美国前陆军副参谋长若曼·R. 奥古斯丁，他在《力求规避的危机管理》中提出危机管理主要包括六个阶段：危机的预防、危机管理的准备、危机的确认、危机的控制、危机的解决以及危机中的获利。

可以看出，已有品牌危机的周期性演变研究主要是从品牌危机管理的视角出发所进行的研究，从消费者视角思考品牌危机演化的研究尚不多见。本书将品牌危机的演变与品牌关系联系起来，立足消费者，通过品牌关系质量在各个演变阶段的变化思考品牌危机演变。

采用“三阶段说”的理论，我们将品牌危机演变阶段划分为潜伏期、爆发期和恢复期三个阶段。在品牌危机的演化发展中，三阶段既相互联系，又相互制约。潜伏期的不恰当应对可能会缩短企业进入爆发期的时间，甚至可能导致品牌停留在爆发期直至品牌灭亡；潜伏期的有效控制则会相应减缓走向爆发期的时间，为企业进行更具有针对性的应对争取时间，这种情况下的危机演化可能不经过爆发期而直接进入恢复期。尽管三阶段相互制约，但又具有各自的特性，这些特性体现在品牌关系质量各维度的变化上，准确地识别各阶段品牌危机的特性对于企业更好地应对品牌危机具有深刻的实践意义。

并不是所有的品牌危机都会顺次经历这三个阶段，在企业危机管理过程中，品牌危机演化阶段的划分也不是绝对的，各阶段所经历的时间长短也是不一样的，企业应该根据危机演化期间表现出来的一些特征灵活掌握危机的演化。

一、品牌危机潜伏期

“天有不测风云，人有旦夕祸福”，品牌也无法永远独善其身。本书认为，品牌危机潜伏期应有广义与狭义之分。广义的品牌危机潜伏期是指品牌自建立到品牌危机爆发的过程。品牌一经建立，便存在潜在的品牌灭亡的危机。这就要求品牌的管理者不仅要具有敏锐洞悉危机的能力，而且必须建立完备的危机预警机制，防范品牌危机事件的升级。

狭义的品牌危机潜伏期是指从品牌事件发生到品牌危机爆发的过程。余明阳（2008）提出品牌事件的概念，认为品牌事件是那些导致品牌危机的事件，他指出品牌事件是品牌企业与相关利益方之间的冲突点，这种冲突源于企业与利益相关者之间的价值判断标准以及认知之间的差异，这种冲突如果不能得到很好的解决就会演化为危机。本章定义的品牌危机潜伏期为狭义的品牌危机潜伏期。

（一）品牌危机潜伏期——品牌关系轻度扭曲

品牌危机潜伏期是品牌关系轻度扭曲的阶段，此时消费者的购买态度并不会发生明显改变。

在品牌危机潜伏期，消费者对品牌危机的爆发有一定的感知，品牌事件为小范围消费者所知，品牌关系在一定范围内轻微扭曲。丰田汽车2010年的“召回门”是早有苗头的，丰田汽车由于意外加速而导致安全隐患已经不是一次两次了，早在2004年初就有消费者向美国高速公路安全管理局（NHTSA）投诉凯美瑞和ES有时会在驾驶员不触动油门的情况下出现加速。此时丰田质量问题已为小范围消费者，至少是这些投诉的消费者所知，在这部分消费者中，丰田品牌的质量安全受到质疑，品牌关系轻度扭曲，品牌关系质量下降。

但是，大范围内消费者对品牌危机的爆发并没有强烈的感知，也不熟知品牌事件，此时品牌关系质量不会有太大的改变，消费者的购买态度也不会发生明显改变。丰田汽车在美国范围内的投诉与事故并未影响到中国消费者对丰田汽车的追捧与购买，这是因为对美国境内的丰田事故中国消费者并不能感同身受，而且中国消费者也不能获得详尽的美国消费者的丰田事故投诉资料。在丰田品牌危机的潜伏期内，中国等美国以外其他国家的消费者品牌关系不会有太大的变化，甚至有可能完全没有变化。

（二）品牌危机潜伏期的特征

品牌危机潜伏期具有潜伏性、突发性和蔓延性的特征。在潜伏期，一些可能导致品牌危机的细小事件经常被忽视，这些细小事件一旦形成规模或大肆宣扬就会形成品牌事件。若品牌事件处理不当，这一系列品牌事件就会在消费者中大肆蔓延，使得品牌形象受损，品牌关系恶化，从而导致品牌关系质量下降，促使品牌危机爆发。

品牌危机潜伏期的上述特征在丰田汽车"召回门"中得到了很好的解释。首先，"召回门"隐患存在已久，产品质量存在缺陷的问题自2004年开始就被消费者投诉，但是直到2010年这一质量缺陷危机才全面爆发。品牌危机潜伏期长达六年之久，充分说明了品牌危机潜伏性的特点。其次，在阐述危机突发性特征时需要与后文中所提到的品牌危机爆发相区别，"突发"主要强调了事件的不可预知性，而"爆发"体现的是事件的发生与以往相比更加频繁，甚至是成倍增长。投诉等一系列细小事件长时间存在，最后形成突发的品牌事件是一种必然，但对于什么时候发生，我们无法预知。2009年10月，丰田召回380万辆在美国地区销售的汽车，这是公司史上在美国召回汽车规模最大的一次，原因在于汽车内的可移动地板垫可能导致加速器卡住，从而引发事故，突如其来的车辆自动加速的"脚垫门"使整个事件慢慢浮出水面，为世人所知。最后，实施召回问题车的地区从美洲向欧洲、亚洲等多个地区蔓延开来，小小的脚垫逐渐成为丰田挥之不去的魔咒，解释了潜伏期危机蔓延性的特征。

二、品牌危机爆发期

一旦品牌事件不能得到妥善处理，品牌关系就会急剧恶化，甚至彻底断裂，此时品牌危机进入爆发期。品牌危机爆发期是指品牌事件升级后品牌关系质量急剧下降的阶段。品牌危机爆发期是品牌危机演变阶段最关键的阶段，也是品牌危机演变阶段各时期中最易识别的阶段。一旦品牌危机由潜伏期进入爆发期，企业将要花费巨大的精力去应对，稍有不慎，品牌就有可能直接走向灭亡。

（一）品牌危机爆发期——品牌关系急剧恶化

品牌危机爆发期是品牌关系质量最低的阶段，消费者购买态度发生根本性转变。

进入品牌危机爆发期后，大范围消费者熟知品牌事件，消费者购买态度和购买行为会发生根本性的改变，品牌关系恶化、中止或彻底断裂。还是以丰田汽车“召回门”为例来说明品牌危机爆发期的这一特征。丰田汽车质量危机的品牌事件在2010年升级，“召回门”愈演愈烈，进入爆发期后丰田汽车在美国、中国等地的销量急剧下降。数据显示，在美国，丰田汽车2010年1月销售环比下降15.8%，并且其在美国的汽车销售量排行榜上位置下降；在中国，根据中汽协发布的数据，丰田轿车品牌在前十位销量排名中首次榜上无名。消费者对丰田汽车的信任度显然下降，销量的下降也表明了消费者的购买态度以及购买行为均发生了改变。

在品牌危机爆发期，伴随着品牌事件的升级，媒体对品牌负面形象大肆宣传，公众“一边倒”地抨击品牌，使品牌处于舆论的风口浪尖，受到来自各方面的压力。2010年，有关丰田“召回门”的新闻铺天盖地席卷而来，成为年初汽车市场谈论最多的话题。网络上对丰田汽车的讨论也达到空前激烈的地步，绝大部分消费者对丰田公司接连曝出油门踏板、驾驶座脚垫、刹车等部件缺陷的质量问题失望不已。在这种情况下，媒体跟风报道，负面信息接连曝光，使得丰田的品牌形象严重受损。

（二）品牌危机爆发期的特征

品牌危机爆发期具有危害性和关联性的特征。品牌危机爆发期是品牌危机从量变到质变的过程。在此阶段，危机的影响面迅速扩大，危机往往在这一阶段达到高潮，并持续相当长一段时间。品牌危机爆发后，可能会对企业其他品牌产生连带影响，也有可能带来财务危机等一系列其他危机。

丰田危机爆发后，汽车市场和消费者的反应情况从多角度体现了品牌危机爆发期危害性与关联性的特点。首先，在北美和中国市场上的销量呈现急剧下降趋势，这是品牌危机进入爆发期之后因消费者购买行为发生改变而造成的，体现了品牌危机从量变到质变，危害性不断加大的特征。“召回门”对丰田的打击是巨大的，其危害性不仅仅局限于短时期的销量下降，丰田汽车的品牌形象受损，消费者对丰田汽车质量信任的下降等都是导致丰田汽车可能走向衰败的危害性因素。其次，品牌危机爆发期具有关联性特征会对与该品牌存在某种联系的其他品牌尤其是同行业品牌产生连带影响。根据新浪财经在丰田“召回门”发生以后的调查，当被问到该事件对日本其他品牌产品影响的时候，11.6%的受访者（39 533人）表示无所谓，仅有22.2%的受访者（75 904人）依然相信日本汽车品牌，他们认为该事件对其他品牌不会产生太大影响，而有高达66.2%的受访者（226 253人）表示该事件对其他品牌影响非常大，日本品牌产品受到致命打击。

三、品牌危机恢复期

经历了品牌危机爆发期的企业面临两种生存路径：其一，随着危机的蔓延扩散，造成危害程度更大、破坏力更强的危机，这是由于企业出现危机不及时解决，或者企业根本无力应对错综复杂的局面，在这样的窘境下，不仅品牌面临着灭亡的危险，企业也有可能走向穷途末路；其二，企业及时采取恰当措施让处于舆论中心的危机事件“降温”，防止危机扩散，消减危机的影响，使危机进入恢复期。

品牌危机恢复期是危机发生后品牌关系回升的阶段。恢复期是品牌危机演变的最终阶段，然而，进入了恢复期并不意味着企业已经彻底走出品牌危机，就如同久病的人痊愈总需要耐心修养一样，企业也需要在恢复期给予品牌“养分”，而不是置之不理、任其发展。

（一）品牌危机恢复期——品牌关系逐步恢复

品牌危机恢复期是品牌关系恶化逐步缓解的阶段，消费者购买态度开始逐步回升至危机发生前的水平。

进入恢复期后，品牌关系恶化的情况得到逐步缓解，品牌关系全面好转，消费者的购买态度和购买行为逐步回升到危机爆发前的状态。尽管丰田“召回门”带来的损失是巨大的，也无法预测到底何时这场危机的阴霾才能完全散去，但自2010年3月之后，事件的余波明显消减，媒体上连篇累牍的报道也渐渐消失。数据显示，丰田第一季度的财务数据令人惊喜，实现营运利润953亿日元（10亿美元），这已是丰田连续第三个季度实现赢利，2009年同期丰田亏损了6 825亿日元。这一业绩一部分归功于丰田节约成本有效，另一方面归功于危机发生后企业在美国进行的积极促销措施与伤害产品召回重新赢得了美国消费者的欢心。丰田已经预留了亏损估计，公司预期由于品牌声誉受损和全球召回超过800万辆汽车将会为公司带来20亿美元的损失。

在中国地区，丰田召回门所留下的阴影也逐渐散去。TNS汽车研究对中国内地500名车主和潜在车主进行的调查结果显示，此番召回对丰田车主的影响看起来并不是那么严重——同类品牌的车主中有将近1/4的人认为召回会严重影响他们对丰田品牌的认知度（27%）和信任度（25%），但丰田的车主中却仅有15%的人抱有同感。

（二）品牌危机恢复期的特征

在恢复期，品牌危机既是威胁也是机会。一方面，恢复期具有机遇性的特征。企业可以借助品牌危机重塑品牌形象，提升品牌关系。1982 年强生泰诺成功的品牌危机管理就充分说明了恢复期机遇性的特征。在药品被疑含有剧毒的质量危机下，强生泰诺的管理者冷静应对，通过无条件回收市面上的药品、积极配合药品质量调查、及时向消费者提供最新的药品信息等获得了消费者的信任，塑造了泰诺药品值得信任的品牌形象。在政府制定新的产品安全法后，泰诺迎合政府政策，率先实行无污染包装的举措，塑造泰诺质量可靠的品牌形象。1985 年，泰诺销售达到顶峰，并凭借塑造的可靠与值得信任的品牌形象成功地度过了 1982 年开始的品牌危机。

另一方面，恢复期又具有不稳定性的特征。步入恢复期后，危机事件已经得到一定程度的控制，品牌关系开始回升，进入类似休眠的恢复期，然而恢复期的品牌危机仍具有极大的威胁性。在这个阶段如若发生新的品牌事件，并升级为品牌危机，也即爆发二次危机，对企业或品牌的打击会更大，消费者对品牌的信任将很难再回升，品牌关系将面临更为严重的断裂。

第三节 品牌关系视角下品牌危机阶段性演化机理与衡量

上文介绍了品牌关系视角下品牌危机演化的三个阶段，并分别对三个阶段的特征进行了叙述，以下将从品牌关系视角下品牌危机阶段性演化机理与衡量两个方面进行阐述。

一、品牌关系视角下品牌危机阶段性演化机理

品牌关系循环论认为品牌关系的周期不仅涉及关系的建立、维持和断裂，还涉及品牌关系断裂之后的复合，品牌危机的阶段性演化正是在此基础上提出的。在其演化过程中，品牌关系质量的变化主要受到四个因素的影响：危机严重程度的变化、负面曝光信息程度的变化、时间因素对消费者心理影响的变化以及消费者品牌知识/信息的变化。

（一）危机严重程度的变化

尽管 Lee（2007）的研究表明危机的严重程度并不显著影响消费者的购买，但是绝大部分的研究显示危机的严重程度对消费者的反应和态度产生影响。Mowen 和 Ellis（1981）发现处于高伤害率危机的企业相对于低伤害率危机的企业消费者感知更差，其他的一些研究也认为危机的严重程度会影响消费者归因以及

信任。国内学者也把危机严重度作为危机情境的一部分进行了探讨研究，认为严重的危机触发消费者对企业更多的负面情感、负面评价和负面行为。

以往危机严重程度的研究表明，危机严重程度和消费者与企业或品牌的情感关系（消费者感知、归因、信任等）是负相关的。在品牌危机的演化阶段中，危机的严重程度是由低到高再到低的倒U形结构。由于危机严重程度同消费者与企业或品牌的情感关系是负相关的，因此，在品牌危机的演化阶段中，品牌关系质量呈现出与危机严重程度相反的变化趋势，即U形变化。

（二）负面曝光信息程度的变化

正所谓“好事不出门，坏事传千里”，品牌危机一旦发生就会受到媒体的广泛关注，被大肆地甚至夸大地报道。Ahluwalia、Burnkrant和Unnava认为，消费者更多地用负面信息而不是积极报道来形成对品牌、公司的判断。根据负面信息效应（Kanouse & Hansen，1976），在消费者心中负面信息比正面信息分量更重，因为负面信息出现的频率比正面信息少，消费者更关注负面信息。同时，负面信息的曝光使得消费者对品牌信心削弱，大量研究显示负面品牌信息会导致负面效果。负面信息报道的大量累积会使社会舆论导向发生改变，形成不利于品牌关系的负向群体压力。在品牌危机阶段性演化中，负面信息曝光程度呈倒U形变化，伴随着负面信息的曝光程度，品牌关系质量呈现相反的变化趋势，即呈现U形变化。

（三）时间因素所引起的消费者心理的变化

危机随时都可能降临，如果公司没有及时采取有效措施予以应对，危机便极有可能演变成灾难，将公司推向万劫不复的深渊（Davies & Walters，1998）。之所以强调及时，是因为目前对危机进行的研究往往忽视了一个重要的因素——时间。仅有少部分研究关注了时间范围（时间跨度）方面的影响，Standop（2006）对产品召回的研究考虑了时间因素，具体指危机事件出现萌芽到公司宣布实施召回的这段时间。直到2009年，以Aikaterini Vassilikopoulou为代表的几位欧洲学者才开始引入时间变量（分为危机发生后3天、3个月、1年），利用实验法，结合之前所提的三个因素，探索时间对公司产品危机管理的影响和作用。结果显示，危机的影响在危机事件发生数月后已经变得很小。消费者试图去忘记危机及其影响，特别是公司表现出一定的社会责任感，主动将产品召回。危机发生后，“时间”具有暗示效应。研究显示，危机后时间跨度越大，消费者越有可能对公司产生良好的印象，降低对产品危险性的感知，并且依然愿意从相同的公司购买相同的产品，消费者的态度甚至会比之前更好。

时间在品牌危机的阶段性演化中扮演着重要的角色，危机后所形成的刻板印象并不会一直存在于消费者的头脑中，消费者会随着时间的流逝“遗忘”品牌的危机事件，选择“原谅”危机品牌。因此，时间因素所造成的暗示效应使得品牌关系质量再次回升，品牌危机能够步入恢复期。

（四）消费者品牌知识/信息的变化

消费者具有学习的特征。在品牌危机演化发展的过程中，消费者会积极搜索品牌信息，学习品牌知识，加深品牌参与。伴随着品牌危机的演化，消费者通过学习和参与，所掌握的品牌知识也增多。如果其所掌握的品牌知识支持危机信息，消费者会从潜伏期时的品牌关系轻度扭曲（如对品牌购买的犹豫等），转化为爆发期时的品牌关系恶化，如放弃购买，或品牌信任与品牌忠诚的丧失等。反之，如果其所掌握的品牌知识不支持危机信息，消费者会逐步恢复对品牌的信心，使得品牌关系再续得以实现，产生品牌再购的倾向。

二、品牌关系视角下品牌危机阶段性演化的衡量

品牌危机是品牌关系扭曲后一个连续变化的过程，它的发展伴随着品牌关系质量的变化。要测量品牌危机演化过程中品牌关系质量的变化，就必须选取合适的品牌关系质量量表。国内外学者对品牌关系质量测量的研究在第一章中已经进行了详细介绍，学术界较为流行的量表主要是 Fournier（1998）借助于人际关系研究中“关系质量”的理论，在品牌关系研究领域引入的品牌关系质量（Brand Relationship Quality，BRQ）模型。然而，中国的品牌关系具有其独特性，因此选取国内学者基于中国消费者开发的品牌关系质量测量量表更具有实际意义。国内学者对品牌关系质量本土化的研究取得的成果主要有何佳讯（2006）提出的 CBRQ 模型以及周志民（2006）提出的广义品牌关系指数模型。何佳讯的 CBRQ 模型提出了社会价值表达、信任、自我概念联结、承诺、真有与应有之情以及相互依赖六个维度；周志民开发的品牌关系指数则形成了品牌关系的五个维度，即承诺/相关度、归属/关注度、熟悉/了解度、信任/尊重度、联想/再认度。

在对品牌危机阶段性演化的衡量中，我们选取周志民开发的品牌关系指数量表。这是因为周志民的品牌关系五度量表对于品牌危机的阶段性演化的阐述更加准确，同时品牌关系指数涵盖的内容更为丰富，能够精确地描述各个阶段性质的变化特征。

周志民通过对 1 362 份有效问卷进行探索性因子分析以及验证性因子分析得出广义品牌关系结构下品牌关系质量的五个因子：承诺/相关度、归属/关注度、熟悉/了解度、信任/尊重度、联想/再认度。

承诺/相关度反映的是消费者与品牌之间关系的延展性和消费者与品牌之间的吻合性，是品牌关系指数模型五个因子中最能反映消费者购买意愿的因子。归属/关注度反映的是消费者与品牌其他消费者之间的亲切度以及消费者对营销者和品牌的关注意愿，代表消费者对品牌的亲近程度，同时反映了消费者未来消费的可能性。熟悉/了解度反映的是消费者对产品及营销者重要属性的熟悉、了解程度。熟悉/了解度在一定程度上反映了消费者品牌知识的多少。归属/关注度和熟悉/了解度反映了消费者与品牌互动的意愿。消费者与品牌正面互动意愿越强烈，品牌关系质量越高。强烈的互动意愿以及互动所形成的品牌忠诚，使得在品牌危机发生时，消费者能更倾向于“原谅”品牌失误。信任/尊重度反映的是消费者对营销者的信任和消费者所受到的尊重。它在一定程度上能形成消费者对品牌的情感忠诚，是形成品牌竞争优势的重要来源。联想/再认度反映的是消费者对品牌符号和传播的印象深浅。联想/再认度是一个相对稳定的因子，一旦形成，短期内就很难发生改变。

表 3－1 品牌关系质量各因子所包含的测项

所属因子	包含测项
承诺/相关度	推荐可能性、品味相关度、品牌替代性、生活相关度、购买可能性、缺货免疫力、发展信心度、价格免疫力、购后后悔度、交叉购买度、功能相关度
归属/关注度	发展关注度、网站访问度、加入可能性、同好熟悉度、交流亲切度、助人可能性、交友可能性
熟悉/了解度	属性熟悉度、品种熟悉度、业务熟悉度、价格熟悉度、历史熟悉度
信任/尊重度	需求关心度、意见重视度、权益尊重度、承诺可信度
联想/再认度	品牌再认度、品牌联想度

第四节 实验设计与数据分析

学术界关于品牌危机阶段性演化的研究很多，但大多采用定性的分析方法，在品牌危机管理视角下提出危机阶段的划分。这些研究由于没有量化，使品牌危机各个阶段特征模糊性高，品牌危机爆发后企业不能迅速根据其所处阶段的特征作出适当反应，延误品牌危机管理的最佳时期。只有准确定义各个阶段的特性，才能对症下药，对品牌危机进行精准的反应，将危机给企业带来的伤害降至尽可能低的程度。因此，对危机各个阶段品牌关系质量变动进行实证研究对理论和实践都具有重要的指导意义。

品牌关系指数作为衡量消费者与品牌关系的一个量化标准，在品牌危机演化中，伴随着品牌危机发展态势的变化而变化。从本章对品牌危机阶段性演化机理的分析中可以得出这样的结论：在品牌危机由潜伏期到爆发期再到恢复期的过程中，危机严重程度由低到高再到低，品牌负面信息曝光程度由低到高再到低。以往的研究显示，危机严重程度、品牌负面信息与品牌关系指数负相关。在品牌危机的演化阶段，品牌关系质量呈 U 形变化。

在以往学者研究的基础上，本研究将品牌关系指数作为衡量品牌危机演化阶段（潜伏期、爆发期、恢复期）特性的量化指标。

一、研究设计与方法选择

（一）研究设计

对品牌危机相关问题进行调研的方法主要有两种。其一，在现实生活中品牌危机爆发时或者爆发后较短的一段时间内，对消费者进行问卷调查，类似于观察性研究。此时所得到的结果最为接近危机发生后消费者的实际反应情况。其二，情境描述的实验研究方法。要求被试阅读、观看或者倾听实验者所设定的危机情境，在此情境下对被试进行相关的测量。

观察性研究与实验研究都有一定的长处与短处。观察性研究能得到最真实的消费者反应，但是真实案例中影响消费者反应的因素过多，如品牌资产、品牌声誉等，这些因素不可控制，容易形成一些虚假的关系。实验室研究能够精准地控制影响消费者反应的因素，排除额外变量的影响，但实验室研究的外部性不高，所得到的研究结果可能不具备推广性。提高实验研究的外部性就要求实验者对情境的描述尽可能准确。本研究采取实验研究方法，减少观察性研究可能带来的研究结果污染。

本实验是单因素三水平的实验设计，其中自变量品牌危机演化阶段包括的三水平为潜伏期、爆发期和恢复期。实验设计独立组，避免由于重复和疲劳所带来的实验结果污染，同时选取在消费者中普及率较高的手机产品作为实验对象。由于品牌关系指数的测量代表一种相对真实的品牌关系互动，同时为了降低实验法外部性低的缺点，实验设计时选取了真实的 NOKIA 电池爆炸品牌危机，为了取得更好的实验效果，在进行情境描述时对部分细节进行了小幅修改。同时为了消除被试由于熟知 NOKIA 电池爆炸事件而破坏实验操作的有效性，在问卷中设置了“您是否熟知 NOKIA 电池爆炸事件”的问项，剔除掉熟知该事件的被试。

品牌危机演化阶段情境描述见表 3－2。

表 3－2　情境描述

品牌危机演化阶段	案例
品牌危机潜伏期	2007 年，部分网友在网络上指出 NOKIA 品牌手机在新西兰遭到消费者投诉，原因是 NOKIA 品牌手机电池在使用时爆炸，导致使用者受到伤害。这个消息迅速得到中国网友的关注，但是消息的真伪并没有得到权威机构的认证，网友们对此消息也表示真假难辨
品牌危机爆发期	据《印度时报》（2010 年）8 月 19 日消息，一印度男子在使用 NOKIA 1209 时因电池爆炸当场身亡。同样也有国外媒体报道，NOKIA“爆炸门”曾在新西兰等国家上演。中国内地的消费者也曾遭遇过 NOKIA 的电池爆炸事件，幸未见人员伤亡 几家权威媒体也同时对 NOKIA“爆炸门”事件进行了报道，认为 NOKIA 公司在“爆炸门”事件中应承担主要责任 NOKIA“爆炸门”事件在网络上被炒得沸沸扬扬，舆论强烈谴责 NOKIA 手机质量不过关可能带来人身伤害，网友们表示对 NOKIA 所弘扬的“以人为本”理念以及手机质量的质疑
品牌危机恢复期	NOKIA 手机遭遇电池“爆炸门”（NOKIA 手机在使用时，电池无故爆炸）事件后，NOKIA 公司在全球主动召回 4 600 万块可能存在问题的手机电池，同时在各大媒体上以详细的图表和文字公示所召回机型电池的识别，受到消费者的赞赏。NOKIA 公司同时表示会对手机质量进行严格把关，网络上对 NOKIA 的声讨开始降温，同时对 NOKIA 的主动召回表示支持

（二）品牌关系质量测量

本研究采用周志民的品牌关系指数量表。周志民的品牌关系指数量表包括五个维度：承诺/相关度、归属/关注度、熟悉/了解度、信任/尊重度、联想/再认度。由于联想/再认度在短期内是一个相对稳定的指标，品牌危机的发生并不会对其产生显著影响，因此本实验将其剔除，重点考虑其他四大维度的作用。品牌关系指数量表见表3-3。

表3-3　品牌关系指数量表

承诺/相关度
1. 我愿意向亲友推荐X品牌 2. X品牌的形象非常符合我的口味 3. 就Y产品来说，没有品牌可以替代X品牌在我心目中的地位 4. X品牌的形象非常适合我现在的生活方式 5. 如果下次要买Y产品，我愿意购买X品牌 6. 如果X品牌一时缺货，我会再去其他商店看看，而不是马上买其他品牌 7. 我对X品牌的发展前景十分看好 8. 在各品牌性能相当的情况下，即使X品牌的价格稍微贵一点，我还是会买它 9. 购买X品牌我不会后悔 10. 我愿意购买X品牌旗下的其他产品 11. X品牌的产品是完全有能力很好地满足我对Y产品的要求的
归属/关注度
1. 我关注有关X公司的新闻报道 2. 我愿意访问X公司的网站 3. 我有兴趣加入X品牌顾客俱乐部，与更多的X品牌用户沟通 4. 我知道典型的X品牌顾客会对Y产品有什么要求 5. 与使用X品牌的人交流会使我有一种亲切感 6. 相比较其他品牌，我更愿意帮助X品牌的常客 7. 我甚至愿意与X品牌的顾客成为朋友
熟悉/了解度
1. 我非常清楚X品牌在产品属性上（功能、外观、性能等）的与众不同之处 2. 我知道X品牌推出的系列产品主要有哪些 3. 我知道X公司涉足的业务有哪些 4. 我知道X品牌主要几款产品现在的大致价位 5. 我大致了解X公司的发展历史

（续上表）

信任/尊重度
1. 我觉得 X 公司很了解顾客对 Y 产品的需求
2. 我觉得 X 公司会及时处理顾客反映的问题
3. 我相信 X 公司会尊重顾客的权益
4. 我觉得 X 公司对顾客的承诺是可信的

资料来源：周志民. 品牌关系指数模型研究：一个量表开发的视角［J］. 营销科学学报，2006（6）：24～40.

（三）研究方法

研究主要采取实验法，运用方差分析进行假设检验。

实验法最初用于心理学的研究，是一种在控制条件下操纵某种变量来考查它对其他变量影响的研究方法。实验法主要用于因果关系的验证。近年来，市场营销的研究也开始借鉴实验法这种研究方法。实验法相对于传统的研究设计方法来说，它能直接确定自变量与因变量之间的因果关系，即产生 B 的原因是 A。

方差分析（Analysis of Variance，简称 ANOVA），又称“变异数分析”或“F 检验”，是 R. A. Fisher 发明的，用于两个及两个以上样本均数差别的显著性检验。由于各种因素的影响，研究所得的数据呈波动状。造成波动的原因可分成两类，一类是不可控的随机因素，另一类是研究中施加的对结果形成影响的可控因素。

二、数据分析

（一）样本概况

本研究采取随机抽样调查的方法，被试主要是在读硕士研究生、大学生等学生样本，发出问卷 90 份，有效问卷 79 份，有效率为 87.78%。本研究的有效样本结构描述如表 3－4 所示：

表 3－4　有效样本结构描述

分类标准	特征分布
性别	男性样本 50.6%，女性样本 49.4%
年龄	21～30 岁样本 98.7%，其他 1.3%
学历	硕士学历 87.3%，其他 12.7%
月消费	500 元以下样本 12.7%，500～800 元样本 46.8%， 800～1 200 元样本 27.8%，1 200 元以上样本 12.7%

（二）信度检验

对问卷中的主要测项进行内部一致性的分析检验，如果内在信度系数在0.9以上，则该测验或量表的信度甚佳；如果在0.8以上则有较高的信度；如果在0.7以上，则该量表进行较大的修订后，仍不失其价值；如果低于0.7，那么信度较差，不具有统计的意义。因此，本研究将α系数的标准定义为0.8。本研究主要测项的Cronbach's α系数见表3－5。

表3－5　主要测项的Cronbach's α系数

维度	测项	Cronbach's α
品牌关系指数	29	0.910
承诺/相关度	11	0.936
归属/关注度	7	0.860
熟悉/了解度	5	0.855
信任/尊重度	4	0.868

（三）自变量的操纵有效性检验

本研究的自变量及操作变量有三个水平：潜伏期、爆发期和恢复期。为了检测操作的有效性，在问卷中让被试对"NOKIA电池爆炸事件严重程度"打分，1表示最不严重，7表示最严重。采用单因素方差分析判断在品牌危机发生的三个阶段，消费者对危机严重程度的感知是否有显著差异。表3－6、3－7、3－8、3－9为方差分析的主要指标。

表3－6　危机严重程度方差分析描述性统计

危机的严重程度

	N	Mean	Std. Deviation	Std. Error	95% Confidence Interval for Mean		Minimum	Maximum
					Lower Bound	Upper Bound		
潜伏期	27	4.333 3	1.467 60	.282 44	3.752 8	4.913 9	1.00	7.00
爆发期	24	5.458 3	1.102 53	.225 05	4.992 8	5.923 9	3.00	7.00
恢复期	28	4.428 6	1.772 81	.335 03	3.741 1	5.116 0	1.00	7.00
Total	79	4.708 9	1.553 75	.174 81	4.360 8	5.056 9	1.00	7.00

表 3－7　危机严重程度的方差齐性检验

危机的严重程度

Levene Statistic	df1	df2	Sig.
2. 692	2	76	. 074

表 3－8　危机严重程度方差分析

危机的严重程度

	Sum of Squares	df	Mean Square	F	Sig.
Between Groups	19. 488	2	9. 744	4. 387	. 016
Within Groups	168. 815	76	2. 221		
Total	188. 304	78			

表 3－9　危机严重程度各阶段两两比较

危机的严重程度
LSD

(I) 演化阶段	(J) 演化阶段	Mean Difference (I－J)	Std. Error	Sig.	95% Confidence Interval	
					Lower Bound	Upper Bound
潜伏期	爆发期	－1. 125 00*	. 418 12	. 009	－1. 957 8	－. 292 2
	恢复期	－. 095 24	. 401 99	. 813	－. 895 9	. 705 4
爆发期	潜伏期	1. 125 00*	. 418 12	. 009	. 292 2	1. 957 8
	恢复期	1. 029 76*	. 414 59	. 015	. 204 0	1. 855 5
恢复期	潜伏期	. 095 24	. 401 99	. 813	－. 705 4	. 895 9
	爆发期	－1. 029 76*	. 414 59	. 015	－1. 855 5	－. 204 0

* The mean difference is significant at the 0. 05 level.

从上述结果可以看出，爆发期与恢复期、潜伏期在消费者危机严重程度感知上均是存在显著差异的（$p<0.05$），而潜伏期与恢复期在消费者危机严重程度感知上不存在显著差异（$p>0.05$），这证明研究的实验操作是成功的。

同时，对被试与 NOKIA 品牌在危机前的品牌关系质量的测量表示，三组被试在危机前的品牌关系质量方面并没有显著差异（$M_{潜伏期}=5.11$，$M_{爆发期}=5.23$，$M_{恢复期}=5.19$，$p=0.14>0.05$）。

（四）品牌关系质量在不同演化阶段的比较分析

不同阶段品牌关系质量的方差分析结果显示，三阶段的品牌关系质量是有显著差异的（$F = 10.240$，$p = 0.000 < 0.05$）。比较各阶段的品牌关系质量均值可以得出，爆发期的品牌关系质量是最低的，恢复期的品牌关系质量略低于潜伏期。根据承诺/相关度各阶段的两两比较可以看出，爆发期与潜伏期、恢复期三者两两比较均有显著差异。表3－10、3－11、3－12是品牌关系质量方差分析的主要指标。

表3－10　品牌关系质量方差齐性检验

Levene Statistic	df1	df2	Sig.
2.259	2	76	.111

表3－11　品牌关系质量方差分析

品牌关系质量

	Sum of Squares	df	Mean Square	F	Sig.
Between Groups	11.176	2	5.588	10.240	.000
Within Groups	41.470	76	.546		
Total	52.645	78			

表3－12　品牌关系质量各阶段均值两两比较

品牌关系质量
LSD

(I) 演化阶段	(J) 演化阶段	Mean Difference (I－J)	Std. Error	Sig.	95% Confidence Interval	
					Lower Bound	Upper Bound
潜伏期	爆发期	.937 76*	.207 23	.000	.525 0	1.350 5
	恢复期	.430 48*	.199 24	.034	.033 7	.827 3
爆发期	潜伏期	－.937 76*	.207 23	.000	－1.350 5	－.525 0
	恢复期	－.507 28*	.205 48	.016	－.916 5	－.098 0
恢复期	潜伏期	－.430 48*	.199 24	.034	－.827 3	－.033 7
	爆发期	.507 28*	.205 48	.016	.098 0	.916 5

* The mean difference is significant at the 0.05 level.

（五）品牌关系质量各指标在不同阶段的比较分析

本实验考察的品牌关系指数包括四个分指标，分别为承诺/相关度、归属/关注度、熟悉/了解度、信任/尊重度。通过单因素方差分析，验证各指标在不同阶段是否发生显著变化，同时对其进行两两比较，得出各个阶段的特征。品牌关系质量及其分指标在各个阶段的均值变化见图3－2。

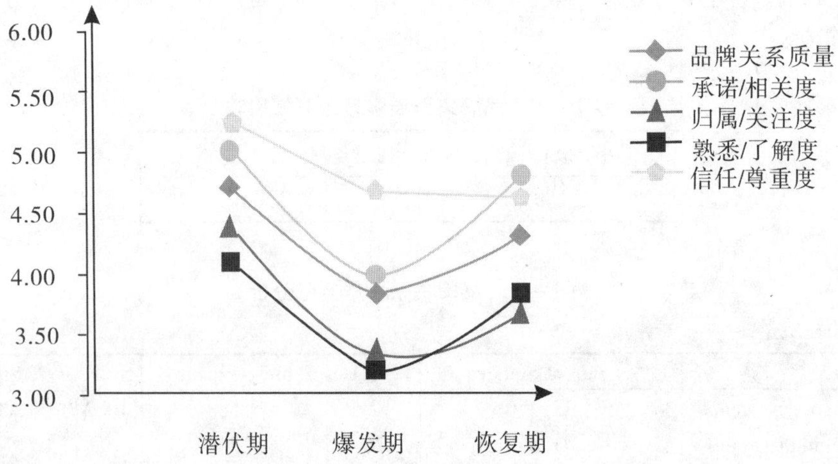

图3－2　品牌关系质量及其分指标在各个阶段的均值变化图

1. 承诺/相关度

承诺/相关度的方差分析结果显示，三阶段承诺/相关度是有显著差异的（$F=5.527$，$p=0.006$），比较各阶段的承诺/相关度均值可知，爆发期的承诺/相关度是最低的，潜伏期的承诺/相关度略高于恢复期。根据承诺/相关度各阶段的两两比较可以看出，爆发期与潜伏期、恢复期均有显著差异，而潜伏期与恢复期则没有显著差异。表3－13、3－14、3－15是承诺/相关度方差分析的主要指标。

表3－13　承诺/相关度方差齐性检验

Levene Statistic	df1	df2	Sig.
2.578	2	76	.074

表 3-14　承诺/相关度方差分析

承诺/相关度

	Sum of Squares	df	Mean Square	F	Sig.
Between Groups	14.761	2	7.380	5.527	.006
Within Groups	101.487	76	1.335		
Total	116.248	78			

表 3-15　承诺/相关度各阶段两两比较

承诺/相关度

LSD

(I) 演化阶段	(J) 演化阶段	Mean Difference (I-J)	Std. Error	Sig.	95% Confidence Interval	
					Lower Bound	Upper Bound
潜伏期	爆发期	1.034 93*	.324 19	.002	.389 3	1.680 6
	恢复期	.234 61*	.311 69	.454	-.386 2	.855 4
爆发期	潜伏期	-1.034 93*	.324 19	.002	-1.680 6	-.389 3
	恢复期	-.800 32*	.321 45	.015	-1.440 6	-.160 1
恢复期	潜伏期	-.234 61	.311 69	.454	-.855 4	.386 2
	爆发期	.800 32*	.321 45	.015	.160 1	1.440 6

* The mean difference is significant at the 0.05 level.

2. 归属/关注度

归属/关注度的方差分析结果显示，三阶段中归属/关注度存在显著差异（$F=7.639$，$p=0.001$），而比较各阶段归属/关注度均值可以得出，相对爆发期和恢复期，潜伏期的归属/关注度更高。从三阶段归属/关注度的两两比较中可以看出，在归属/关注度这个指标上，潜伏期与爆发期、恢复期均有显著差异，但爆发期与恢复期在此指标上并没有显著差异。表 3-16、3-17、3-18 是归属/关注度方差分析的主要指标。

表 3-16　归属/关注度方差齐性检验

Levene Statistic	df1	df2	Sig.
.848	2	76	.432

表 3－17　归属/关注度方差分析

归属/关注度

	Sum of Squares	df	Mean Square	F	Sig.
Between Groups	14. 763	2	7. 381	7. 639	. 001
Within Groups	73. 439	76	. 966		
Total	88. 201	78			

表 3－18　归属/关注度各阶段两两比较

归属/关注度
LSD

(I) 演化阶段	(J) 演化阶段	Mean Difference (I－J)	Std. Error	Sig.	95% Confidence Interval	
					Lower Bound	Upper Bound
潜伏期	爆发期	1. 046 96*	. 275 77	. 000	. 497 7	1. 596 2
	恢复期	. 707 67*	. 265 14	. 009	. 179 6	1. 235 7
爆发期	潜伏期	－1. 046 96*	. 275 77	. 000	－1. 596 2	－. 497 7
	恢复期	－. 339 29	. 273 45	. 219	－. 883 9	. 205 3
恢复期	潜伏期	－. 707 67*	. 265 14	. 009	－1. 235 7	－. 179 6
	爆发期	. 339 29	. 273 45	. 219	－. 205 3	. 883 9

* The mean difference is significant at the 0. 05 level.

3. 熟悉/了解度

熟悉/了解度的方差分析结果显示，三阶段中熟悉/了解度是存在显著差异的（$F=3.796$，$p=0.027$），而比较各阶段熟悉/了解度均值可以得出，相对于潜伏期与恢复期，爆发期的熟悉/了解度更低。从三阶段熟悉/了解度的两两比较中可以看出，在熟悉/了解度这个指标上，潜伏期与爆发期有显著差异，但爆发期与恢复期、恢复期与潜伏期在此指标上并没有显著差异。表 3－19、3－20、3－21 是熟悉/了解度方差分析的主要指标。

表 3－19　熟悉/了解度方差齐性检验

Levene Statistic	df1	df2	Sig.
2. 220	2	76	. 128

表 3－20　熟悉/了解度方差分析

熟悉/了解度

	Sum of Squares	df	Mean Square	F	Sig.
Between Groups	9.756	2	4.878	3.796	.027
Within Groups	97.659	76	1.285		
Total	107.415	78			

表 3－21　熟悉/了解度各阶段两两比较

熟悉/了解度
LSD

(I) 演化阶段	(J) 演化阶段	Mean Difference (I－J)	Std. Error	Sig.	95% Confidence Interval	
					Lower Bound	Upper Bound
潜伏期	爆发期	.871 30*	.318 01	.008	.237 9	1.504 7
	恢复期	.332 01	.305 75	.281	-.276 9	.941 0
爆发期	潜伏期	-.871 30*	.318 01	.008	-1.504 7	-.237 9
	恢复期	-.539 29	.315 33	.091	-1.167 3	.887
恢复期	潜伏期	-.332 01	.305 75	.281	-.941 0	.276 9
	爆发期	.539 29	.315 33	.091	-.088 7	1.167 3

* The mean difference is significant at the 0.05 level.

4. 信任/尊重度

信任/尊重度的方差分析结果显示，三阶段中信任/尊重度并不存在显著差异（$F=2.886$，$p=0.062$）。表 3－22、3－23 是信任/尊重度方差分析的主要指标。

表 3－22　信任/尊重度方差齐性检验

Levene Statistic	df1	df2	Sig.
2.839	2	76	.065

表 3-23 信任/尊重度方差分析

信任/尊重度

	Sum of Squares	df	Mean Square	F	Sig.
Between Groups	6.140	2	3.070	2.886	.062
Within Groups	80.835	76	1.064		
Total	86.975	78			

三、研究结论及实践意义

（一）品牌危机潜伏期品牌关系质量较高

品牌危机潜伏期是危机演化中品牌关系质量最高的阶段，表现为较高的承诺/相关度以及较强的品牌互动意愿（较高的归属/关注度和熟悉/了解度）。

在品牌危机潜伏期，品牌关系的几大指标在品牌危机期内均处于较高水平，这主要是由于品牌危机初期消费者可感知的危机严重性较弱、危机受到的社会关注较少，从而社会舆论压力小。

高的品牌关系质量尤其是较高的承诺/相关度，表明在品牌危机潜伏期消费者的购买倾向并没有发生重大的变化，因此企业要充分把握品牌以及市场信息，建立危机预警机制，第一时间感知品牌危机的发生动态，以免贻误拯救品牌的最佳时机。如果能够使品牌危机在潜伏阶段被遏制住，直接走出品牌危机，企业或品牌所承受的损失将大大减少。

品牌危机潜伏期的归属/关注度和熟悉/了解度也相对较高，这表明消费者在危机发生的初期与品牌互动的意愿仍较为强烈，消费者在此阶段愿意关注品牌的未来发展动向，愿意与品牌使用者进行沟通交流，熟悉品牌的各种信息及其营销手段。因此，此阶段采取危机公关的营销手段最有效。

（二）品牌危机爆发期品牌关系质量较低

品牌危机爆发期是危机演化中品牌关系质量最低的阶段，表现为低的承诺/相关度和弱的品牌互动意愿（低的归属/关注度和熟悉/了解度）。

在品牌危机爆发期，品牌关系质量的各个因子都处于较低水平。这是因为在品牌危机爆发期，危机事态进一步加重，消费者感知到的危机严重程度较强，媒体大肆深入报道所形成的“负面信息效应”使得消费者的关注大多集中于品牌的危机事件上，同时社会舆论形成的压力也使得消费者不愿意尝试购买危机爆发期中的品牌。

低的品牌关系质量对品牌来说是毁灭性的打击，处于品牌危机爆发期的品牌很有可能直接走向灭亡，如三鹿奶粉。在品牌危机爆发期，代表消费者购买意愿的承诺/相关度较低，在此阶段消费者已经转换购买品牌，购买倾向发生重大改变。此阶段如果企业不作出及时、恰当的反应，消费者的购买意愿将永远改变。因此，建立合适的危机反应机制对企业来说也很重要。

在品牌危机爆发期，代表消费者与品牌互动意愿的归属/关注度和熟悉/了解度也相对较低，这表明了消费者在危机爆发期并不愿意与品牌进行互动，消费者不信任品牌，不愿意继续关注品牌的发展，不熟悉此阶段品牌的营销手段与品牌信息。潜伏期的营销手段运用并不一定能收到效果，此时，营销手段一方面要吸引消费者的重新关注，另一方面要重新建立消费者对品牌的信心。

（三）品牌危机恢复期品牌关系质量逐步回升

品牌危机恢复期是危机演化中品牌关系质量居中的阶段，表现为低的承诺/相关度的逐步回升，但是品牌危机恢复期的品牌互动意愿仍不强烈（低的归属/关注度和熟悉/了解度）。

在品牌危机恢复期，品牌关系质量高于危机爆发期，却低于危机潜伏期。品牌危机之所以会进入恢复期，与企业在危机爆发期所采取的应对措施是紧密相关的，企业所采取的系列应对措施促使消费者重新建立了对品牌的信心。当品牌危机发生一段时间后，由于企业的恰当应对，危机态势得到很好的控制，危机爆发期随处可见的品牌负面信息也开始减少，消费者所能感受的舆论压力也随之减少。时间也是品牌危机能最终步入危机恢复期必不可少的一个因素，消费者也最终会由于“时间”的作用而选择“遗忘”危机事件和“原谅”品牌。

进入品牌危机恢复期并不意味着万事大吉，相反，从上述的数据分析结果可以知道，品牌危机恢复期是一个品牌关系相当脆弱的时期，代表消费者购买意愿的承诺/相关度尽管相对危机爆发期有所上升，但是却低于品牌危机爆发初期。因此，在品牌危机恢复期，企业应该继续修复品牌关系，加强品牌关系管理，促使品牌关系质量回复到危机发生前的水平。

在品牌危机恢复期，代表消费者与品牌互动意愿的归属/关注度和熟悉/了解度与品牌危机爆发期并没有显著差异。这说明，消费者仍不愿与品牌有过多的互动，不充分信任品牌，也不愿了解品牌信息以及品牌未来的发展，同时消费者对品牌营销手段等也不是很熟悉。因此，品牌危机恢复期主要的营销任务仍然是建立消费者对品牌的信心，只有坚定消费者的信心，才能顺利地走出品牌危机。

总之，品牌危机的演化是一个品牌关系质量 U 形变化的过程，在危机的发生演化过程中，企业必须牢牢地把握好消费者品牌关系的变化趋势，才能化险为夷，成功度过品牌危机。

第五节 案例分析：暴风影音品牌危机

暴风影音的品牌危机事件是一个典型的品牌危机演化案例，本书将完整地介绍此次危机事件，同时对各个危机阶段进行简单剖析。

一、暴风影音危机潜伏期

暴风影音是中国一款主流的视频播放器，由于其兼容所有类型的视频点播，因此在短时间内便积聚了相当高的人气，获得了大笔的风投资金。在资本的催动下，暴风影音不再甘心做一个本地播放软件。2008 年，随着一些自动启动、自动弹窗甚至隐蔽进程等“新特性”的加入，暴风影音开始通过其早已设置好的后台进程与暴风网站进行通信，下载广告并把广告内容即时推送到用户桌面。暴风影音这类可以控制客户端的软件能依靠传播大量广告获得不菲的广告收入，从而获得很多风投资金。然而这样的商业模式同样存在很多弊端，主要在于用户是在并不知情的情况下使用这些含有鬼鬼祟祟流量的终端软件的。

这种“后门”程序的过多传输会导致网络中断甚至瘫痪，虽然暴风影音并不是中国客户端软件中唯一一家使用“后门”程序的公司，但是暴风影音一开始便意识到了“后门”程序可能带来的损害，只是在利益面前，暴风影音最终选择了保留“后门”程序，强行传输广告等流量至客户端。

暴风影音在危机潜伏期选择了回避危机而不是解决危机的方式，放任危机发展的可能性，因而暴风影音“5·19”断网危机的爆发也在情理之中。

二、暴风影音危机爆发期

2009 年 5 月 19 日，国内爆发了一次罕见的断网事件，南方六省网络瘫痪，包括暴风影音在内的多家网络公司的用户在发送域名解析请求的过程中导致网络大面积堵塞和瘫痪。由于暴风影音用户量巨大，导致网络瘫痪的流量中有近五成来自暴风影音的用户。一些网友和媒体开始将焦点集中在暴风公司身上，于是“5·19”断网事件被称为“暴风门”事件，对暴风的指责越来越多地见诸媒体。其中有正常的批评建议和探讨，也有些非议是由于许多人对客户端软件需要联网这一特性不解，认为“影音有问题”，还有许多指责和抨击则是源自于商业利益。事件发生后，大量暴风影音使用者开始卸载此软件，同时“5·19”断网事件范围之广、影响之严重，为近年来所罕见，包括新华社、中央电视台、人民网、凤凰卫视等国内外众多媒体对此事给予高度关注，网络媒体和网民更是议论纷纷。

在暴风影音“5·19”断网危机爆发期中，消费者与品牌关系开始恶化，消费者已经转换了对暴风影音的使用意愿。品牌负面信息曝光程度大大增加，舆论导向大都不利于暴风影音公司。此时，若没有恰当的应对，暴风影音很有可能就此退出中国媒体播放行业，成为互联网下牺牲的品牌。

三、暴风影音危机恢复期

暴风公司成立了以CEO冯鑫为首的“5·19”事件处理小组，精心策划，周密布置，迅速落实，展开了一系列危机处理步骤（见表3－24），成功地挽回了暴风影音的形象。

表3－24　暴风公司处理“5·19”事件一览表

时间	措施	点评
5月20日	向公众表达歉意，通报媒体事件进展情况，暴风方面正采取紧急应对措施：建立新服务器，在软件设置等方面作出重要调整	暴风面对爆发的危机反应迅速、态度诚恳，没有推卸责任，而是勇敢站出来
5月25日	暴风公司向媒体发出公开信，就由于“暴风影音联网的某些特性，在特定情况下成为网络瘫痪原因之一”向网民再次道歉，同时强调公司也是此次事件的受害者，已经向公安机关报案，尽早缉拿案犯	在勇于承担社会责任的同时，摆正自己的位置，赢取公众的同情与支持，没有让危机的影响面进一步扩大
6月1日	在北京召开盛大的新闻发布会，新华社、央视等100多家主流媒体参加，暴风公司宣布将召回其1.2亿用户的暴风影音播放软件，用户可立即删除现有版本软件，暴风公司将在6月15日向所有用户提供更安全、更适合国内网络现状的“暴风影音5·19特别版”。同时，暴风公司号召所有的互联网软件企业都行动起来，肩负社会责任	公司选择了很好的一个突破口，一方面推出新版本软件弱化事件影响，另一方面从提高行业凝聚力出发，站在更高的层面上，树立起了一个有社会责任感的企业形象

（续上表）

时间	措施	点评
6月16日	中央电视台《经济半小时》对“5·19”事件作了全面报道和分析，报道认为，“5·19”断网事件中，暴风影音也是受黑客攻击的受害者。作为受害者，暴风影音能够在最短的时间内直面媒体和公众，并且通过召回、24小时服务、免费邮寄新版软件等一系列举措维护网民的权益，这样的做法值得肯定	央视的报道，为暴风公司塑造了一个有责任感的企业形象，为此次事件定性并作出总结

从5月19日危机的爆发，到6月16日央视报道的总结回顾，不到一个月的时间，暴风影音就成功处理了此次品牌危机，事件步入恢复期。从结果来看，暴风公司成功转危为机，形象与效益双丰收，在获得社会各方肯定的同时，新版本推出后其用户量不仅没有减少，反而有了较好的增长。据第三方调查机构艾瑞的调查数据，到2009年第三季度，暴风公司拥有的用户量达到1.5亿，与“暴风门”事件之前的1.2亿相比增长了25%。

在这一阶段，如前述数据表示，消费者会重新购买使用品牌，但是暴风影音断网危机事件在消费者心中仍然会留下难以磨灭的印象，因此对于步入危机恢复期的暴风影音，重点依然是维护品牌形象，增强消费者信心，修复受损的品牌关系。

本章小结

不同类型的品牌危机成因不同。核心要素品牌危机与非核心要素品牌危机成因的主要区别为：前者是品牌关系的重度断裂，而后者是品牌关系的轻度断裂；主动品牌危机与被动品牌危机成因的区别在于：前者是品牌关系的真实断裂，而后者是品牌关系的虚假断裂；行业性品牌危机与非行业性品牌危机成因的区别在于：前者是消费者与行业关系的断裂，而后者是消费者与单个品牌关系的断裂。

品牌危机是一个动态发展的过程，它的发展顺次经过品牌危机潜伏期、品牌危机爆发期和品牌危机恢复期。在品牌危机动态发展的过程中，品牌关系质量呈现出U形变化趋势。

第四章　品牌危机的影响因素

品牌危机在演变过程中受到诸多因素的影响，这些因素的共同作用决定了危机演变过程中消费者对品牌的评价，从而影响到品牌关系。恰当地把握这些因素，能够帮助企业更加全面、清晰地掌握局势的发展，及时作出反应，从而有效地遏制危机的恶化，扭转被动的局面。本章通过对大量文献的搜集和整理，提出从危机情境因素、品牌因素、消费者因素、企业因素四个方面来分析和探讨品牌危机的影响机制，并选取危机归因和危机与品牌核心要素相关度两个危机的情境变量，研究其对品牌关系质量的影响，以进一步验证本书的观点。

第一节　危机情境因素

对危机情境的透彻分析是有效危机管理的前提，是危机沟通策略制定的重要依据。在危机情境的研究中，Coombs（1998）指出，三个方面的情境将会影响到消费者对危机责任的感知，分别为危机的归因、危机的严重程度和企业表现。本书认为，品牌危机与品牌核心要素的相关度同样作为情境因素影响消费者对于危机的感知。因此，本书将重点从危机的归因、危机严重程度、危机史、危机与品牌核心要素的相关度四个方面探讨危机情境对品牌危机的影响。

一、品牌危机归因

归因是消费者加工信息的一种方式，是指消费者判断导致某事件或行为的原因和责任方的过程。归因理论认为，当某事件或行为发生以后，人们会从三个维度去进行归因，而归因的结果会影响人们的认知、情绪和行为。Weiner（1986）指出，当一件负面的、出乎意料的或者是重大的事情发生时，人们就可能进入自己的归因程序。Weiner 从控制点、稳定性和可控性三个维度出发去分析人们的归因过程。控制点指危机事件的原因是内部或者是外部的，内部原因是关于组织内部人员的，如努力、能力和意愿；外部原因是关于组织外部人员的，如任务的困难性和幸运。稳定性指事故的原因是长期存在的或者是偶然的。可控性指参与者意识上对事件的控制程度，即事件是故意为之或是意外。Coombs（1996）根据对危机责任的不同归因，将企业危机分为三种类型：①受害者类型。该种类型的危机是由外因引起的，因而是非企业可控的，企业需要承担的危机责任较少，如职场暴力、赝品危机和谣言，企业被看作是事件的受害者。②事故类型。该种类型的危机是企业内部技术失误引起的，并非企业故意为之，包括技术失误事故、技术失误产品伤害和挑衅行为，企业需要承担的危机责任也比较少。③故意犯错类型。该种类型的危机需要企业承担的危机责任较多，事件被认为是企业故意为之，包括人为犯错事故、人为犯错产品伤害和组织不端行为。Coombs 指出，针对不同类型的危机，企业需要采取不同的沟通策略来挽回企业形象。

Jorgensen（1994）将 Weiner 的模型应用于严重公司灾难情况下（致命的坠机）的消费者归因，并发现对事故原因的归因影响他们对公司的感情和态度。Jorgensen（1994，1996）发现与由外部不可控原因所导致的危机相比，由企业内部可控原因以及内部可控原因与外部不可控原因构成的混合原因所导致的危机会使消费者更加气愤，并对企业产生更多的责备心理，因此对消费者的态度和购买意愿有更大的负面影响，但内部可控原因与混合原因在上述方面对消费者的影响没有差异。不管导致负面曝光事件的原因有多复杂，只要消费者相信有一部分原因是企业内部可以控制的，这一归因结果就会对消费者产生一系列负面影响。

Kaman（2004）发现，由内部可控原因引发的负面曝光事件，会令消费者对企业形成更深的负面印象，而由外部不可控原因引发的相同事件之所以不会对消费者产生很大的负面影响，是因为外部不可控原因会激起消费者对企业的同情及信任感。

不同于以上学者，Laufer、Burger、Klein 和 Dawar 等几位学者更多地关注消费者的个体差异在归因上的异质性，本章第三节将详细介绍该部分内容。

通过对众多学者研究成果的分析，我们可以断定消费者对组织危机的归因是必然的，不同的危机责任归因将直接影响消费者对企业的情感和行为。一旦企业被认为需要对危机负责，消费者就有可能从与企业的关系中退出，并传播关于企业的负面口碑。因此，我们有必要分析和探讨消费者对不同危机情境的归因过程，从而使企业有针对性地对消费者的情感和行为作出应对，制定有效的形象修复策略，阻止消费者品牌关系的恶化。

二、品牌危机严重程度

品牌危机的严重程度会影响消费者对危机情境中其他信息的关注与推断（Gerald，Jiang & Johar，2008）。Coombs（1998）指出，危机严重程度会影响公众对组织在危机事件中的责任归因。危机严重程度是指危机事件造成伤害的严重性、持久性以及事件性质的恶劣性，其中造成的伤害有两个方面：生理健康

（如损害健康、危害生命）和心理感受（如侵犯自尊、损毁信任、伤害民族感情等）。当危机严重程度较低时，由于消费者的感知风险较低，对危机的涉入程度也较低；而当危机严重程度较高时，消费者的感知风险和涉入程度会较高，会更关注危机信息（Andrews，1990）。Jones 和 Davis（1965）认为，危机越严重，则对消费者和社会的影响范围越大，影响周期越长，同时，严重的危机会导致消费者停止购买该企业的产品。Coombs 和 Holladay（1996，2001，2002）指出，危机严重程度会影响危机责任感知。危机越严重，消费者的参与度就越高。内部归因的程度越大，越容易引发对企业危机责任的更多归因。

以上学者一致认同危机越严重，对消费者的负面影响越大。严重的危机会触发消费者对企业更多的负面感情、负面评价和负面行为。消费者往往通过观察危机的归因、伤害度、有多少伤亡和对社区的影响来判定危机的严重程度。

三、品牌的危机史

在经济高速发展的今天，品牌危机的发生似乎已成为一种必然，很多企业都曾经历过且可能再次经历品牌危机的威胁，危机史对品牌危机影响的研究显得尤为重要。然而，学术界关于该问题的研究成果十分有限。较早从事该领域研究的学者 Mowen（1980，1981）曾对企业过去的产品召回史对本次召回的影响进行研究，研究表明企业的产品召回史对企业的感知并无显著影响。而 Folkes（1984）的研究则表明产品召回史会负面影响企业感知。Coombs（1996，1998）认为企业以往的相似的危机史将会强化本次危机对企业声誉的负面影响。过去的危机被认为是一个潜在的危机稳定性的指标，本次危机可能被看作是一种必然的模式而并非偶然的事件，因此过去的危机事件可能导致更强的企业危机责任归因。Coombs 研究了人为犯错事故和组织不端行为两种类型的危机，比较了有危机史和无危机史两种情境，研究表明，相对无危机史，有危机史的情境下企业被认为需要承担更多的危机责任，同时企业的声誉受到更大的威胁。之后 Coombs（2004）的研究考虑了另一种中性的情境，即没有危机史的信息报道，但并不代表过去无危机发生。研究表明有危机史的情况分别与无危机史和没有危机史信息报道两种情况相比，企业的危机责任归因和声誉具有显著的差异。相比中性的无危机史信息报道的情况，企业声誉要更高。Coombs 指出企业的危机史将导致企业更大的危机责任归因，给企业声誉带来更大的威胁，从而给企业造成伤害。未来的研究需要考虑更复杂的情境下危机史的影响作用，全面充实该部分的理论研究。

四、品牌危机与品牌核心要素的相关程度

在品牌危机对品牌关系的影响因素中，还需要特别关注的一个因素就是危机与品牌核心要素的相关程度。若品牌危机事件未触及品牌的核心要素，则不会对品牌关系造成严重破坏。例如，国美电器前主席黄光裕涉嫌行贿事件，虽然这一企业领导者的违法行为引发的危机导致国美企业危机的爆发，但并未在很大程度上影响消费者对该品牌的看法，即危机事件未引起消费者品牌核心要素的改变，品牌危机没有对品牌关系造成严重的破坏。若危机事件触及品牌的核心要素则影响会更加严重，如多次曝光的食品安全问题。圣元奶粉“早熟门”事件就是一个典型的与品牌核心要素密切相关的负面事件，该事件不但导致在纳斯达克上市的圣元国际大幅“跳水”，同时，该事件的曝光严重威胁到圣元奶粉的品牌声誉，导致品牌关系急剧恶化。

Dawar 和 Lei（2009）研究表明，品牌危机与品牌核心要素的相关度将影响消费者对品牌危机严重度的感知，从而影响消费者对品牌的评价。品牌熟悉度和品牌危机与品牌核心要素的相关度交互影响着消费者的品牌评价。品牌熟悉度高的消费者掌握较多的品牌知识，能够有效地分辨品牌危机与品牌核心要素的相关程度，对于这类消费者，与品牌核心要素的相关程度越高，越会影响消费者对于品牌的评价。而对于品牌熟悉度低的消费者，无论品牌危机与品牌核心要素相关程度如何，品牌危机都会同样影响消费者对于品牌的评价。该研究还指出，危机严重程度是品牌熟悉度、危机与品牌核心要素相关度的中介变量。

因此，危机与品牌核心要素的相关程度将会影响到消费者对于品牌的评价，企业应在危机发生的第一时刻对危机事件进行剖析，若危机事件已触及企业的核心要素层面，应及时找到问题的症结，采取措施补救。若危机事件未触及企业核心要素层面，企业应及时将这一信息传递给消费者，防止危机事件进一步传播和扩散。

第二节 品牌因素

品牌因素在消费者对品牌危机的感知上发挥着重要的作用。同样的危机情境作用于不同的品牌，消费者对其感知是有差异的。现有的研究主要从品牌个性和品牌资产两个方面对这一问题进行了探讨。

一、品牌个性

品牌个性是在品牌定位的基础上人格化、个性化的品牌形象，它代表特定的生活方式、价值取向和消费观念，目的在于与消费者建立起一种情感上的沟通和联系（Aaker，1997）。品牌与消费者的沟通应从商品标识、品牌形象再到品牌个性。品牌个性是最高层面，比品牌形象更深入一层。品牌形象造成消费者的认同，而品牌个性则可以使消费者产生偏好甚至崇拜，即实现品牌的终极目标。品牌的不同个性维度使其能够作为自我表达、自我评价和自我定位的媒介。

Aaker（1997）第一次根据西方人格理论的“大五”模型，以个性心理学维度的研究方法为基础，发展了一个系统的品牌个性维度量表。在这套量表中，品牌个性分为5个维度，即“真诚、激动人心、胜任、精细和坚韧”。这5个维度下有15个层面，包括有64个品牌人格特性。这套量表是迄今为止对品牌个性所做的最系统、最有影响的测量量表，可以解释西方93%的品牌个性的差异。国内最早进行中国本土化品牌个性维度研究的学者是卢泰宏、黄胜兵等人。2003年，他们采用了词汇法、因子分析和特质论作为方法论基础，以来自中文语言、中国的品牌为研究对象，经中国消费者的实证研究，发展出中国的品牌个性维度及量表，并从中国传统文化角度阐释了中国的品牌个性维度——仁、智、勇、乐、雅。

品牌和人之间关系的概念可比拟成两个人之间的关系，消费者倾向于将一个品牌视作一种性格特征、一个人或一个伙伴，有两个因素会影响这种关系：第一，作为人的品牌和消费者之间存在关系，这种关系类似于两个人之间的关系；第二，品牌个性，即品牌所代表的人是什么样子的。Robins、Casp 和 Moffitt（2000）的研究表明，个性将会影响伙伴的关系。品牌个性决定了个人与品牌之间关系的深度以及消费者对这种关系的感觉和喜爱程度。Aaker、Fournier 和 Brasel（2004）运用实地跟踪实验的方法，研究了两种品牌个性（真诚品牌和兴奋品牌）的品牌犯错行为对品牌关系强度的影响。研究结果表明，品牌犯错行为会显著地破坏消费者与真诚品牌的关系，即使随后试图努力补偿，也不会出现恢复的迹象，其后果是将影响消费者对伙伴质量的感知，导致品牌亲密度的损坏、品牌自我联结的削弱，以及品牌满意度和品牌承诺水平的下降。而对于兴奋品牌，在品牌犯错行为发生后，可以通过提供有利于品牌和有益于品牌关系的信息以提高品牌的亲密度，同时通过激活依附系统来增强消费者与品牌的自我联结，通过增强消费者与品牌的相互依赖来提升品牌的承诺水平。因此，在品牌犯错行为后，消费者与真诚品牌的关系将会遭受冲击，而兴奋品牌却可以在品牌犯错行为后重新振作起来。

目前，有关品牌个性对于品牌危机影响的研究还比较少，未来可以借鉴以上学者的研究，探求其他的品牌个性维度对危机后品牌关系强度的影响。同时，可以添加更多的调节变量，如消费者个性、性别和消费者品牌关系质量等变量来继续探究危机后品牌个性对品牌关系强度的影响机理，充实先前的研究成果。除此之外，国内学者应对中国文化背景下的品牌个性理论进行更深入的探究，运用适合中国本土情境的品牌个性理论为企业应对策略提供借鉴。对于企业而言，在品牌危机爆发后，企业应该准确判定消费者对品牌个性的感知，在此基础上，评估消费者品牌关系强度变化程度，找到品牌关系修复的突破口，有侧重地在品牌关系强度的各个环节上采取修复策略，使品牌重新振作起来。

二、品牌资产

品牌资产是营销领域研究的前沿课题之一，国内外学者在这一领域进行了大量的研究。Aaker 和 Keller 两位学者的研究比较具有代表性。Aaker（1991）将品牌资产定义为一组能为产品或服务增加价值并与品牌名称或标志相连的品牌责任，Aaker 的模型认为品牌资产有五个维度：品牌忠诚、品牌意识、可见质量、品牌联想和其他品牌资产。Keller（1993）将基于顾客的品牌资产定义为品牌知识在消费者对品牌营销反应中的作用。

作为企业重要的营销要素，品牌资产能够在很多方面对企业产生积极影响，比如提高消费者的忠诚度、减少消费者对产品涨价的弹性反应、弱化竞争对手营销活动的影响等。高品牌资产意味着消费者与品牌之间的高承诺水平和高品牌忠诚度，意味着高的品牌关系质量。当面对品牌危机时，品牌资产则可能会对消费者的态度和行为产生影响。

Sloot、Verhoef 和 Franses（2005）以品牌资产为对象研究发现，发生危机后，消费者对高资产品牌的忠诚度较高，但这种作用受产品性质的调节，与享乐性产品相比，消费者对功能性产品高资产品牌的忠诚度更高。Roehm 和 Brady（2007）发现，如果在品牌危机发生后让消费者立即对品牌进行评价，则消费者对高资产品牌的满意度在事件较严重时比在事件严重程度中等时下降小，如果推迟一段时间再让消费者评价，则消费者对高资产品牌的满意度在事件较严重时比在事件严重程度中等时下降大，消费者对低资产品牌的满意度与评价时间和事件严重性都没有关系。Brady、Cronin、Fox 和 Roehm（2008）发现，不管企业是否对负面营销事件进行处理，事件发生后高资产品牌的消费者满意度和购买意愿都会比低资产品牌高，但与发生负面营销事件前相比，高资产品牌的消费者满意度和购买意愿下降幅度更大。国内学者王晓玉（2010）的研究结果表明，产品危机中品牌资产加剧了危机的负面影响，即对高资产品牌来说，产品危机导致消费者态度的下降程度比低资产品牌更大。产品危机的严重程度会调节品牌资产的作用，当严重程度高时，高资产品牌具有加剧危机负面影响的作用，当产品危机严重程度较低时，高资产品牌与低资产品牌相比，没有显示出显著优势，其消费者态度下降程度与低资产品牌相比没有显著差异。当多个企业同时陷入严重程度一样的产品危机中时，高资产品牌会加剧危机的负面影响。

品牌危机中品牌资产的作用依赖于危机的边界条件，进一步的研究可以引入更多有效的调节变量，探索更复杂的危机情境下品牌资产对品牌危机的作用。

第三节 消费者因素

消费者因素，包括消费者个人特征、产品知识及品牌承诺等方面，都会对消费者购买决策产生影响。消费者对于危机的感知亦受到个人因素的影响。不同个体在接触危机信息时的认知是存在差异的，本书重点从消费者个人特征、消费者品牌承诺和消费者涉入三个方面进行阐述。

一、消费者个人特征

（一）性别

男性和女性在生理构造上存在着巨大的差异，加之男女在生活习惯、思维模式、心理诉求和社会角色方面的不同，导致男性和女性在消费行为上的差异。男性具有良好的抽象思维，女性具有较好的形象思维，在处理信息时，男性往往比较理性，女性则偏重感性思维，因此，男性偏重产品本身的性能和实用价值，而女性常常被产品的外观或感性的设计所吸引。男性在购物时更加注重自己的感觉，相信自己的判断，而女性则会在乎他人的评价，兼听多方的意见。

Laufer 和 Kate（2004）检验了性别在消费者对危机事件归因中的影响，发现女性消费者自我感觉在危机事件中更容易受到伤害，这导致她们对发生负面曝光事件的企业的责备比男性消费者多。通过两次独立实验发现，在公司、顾客和环境因素谁应该对产品伤害危机负责的背景下，女性顾客对于公司的抱怨会明显高于男性顾客。Burger（1981）也指出，就同一场危机而言，女性比男性更倾向于认为危机会发生在她们身上，出于防卫性归因的动机，女性会对发生危机的公司产生更多的抱怨。

由于女性在信息加工时会更多地关注外界的评价，因此舆论、口碑和第三方信息对女性的影响也将更显著。同时，对于企业危机应对策略的感知，男性和女性可能也存在差异。偏感性的应对策略会诱发女性消费者的同情心，对于女性消费者是更行之有效的策略，而对于男性消费者，则应更注重利益或功能层面上的补救，这样会取得更好的效果。

（二）年龄

不同年龄的消费者对危机的认知也可能不同。近年来，大量的心理学研究表明，老年顾客的信息处理能力与年轻顾客完全不同。Burger（1981）就曾经注意到老年人在评估危险的时候往往会扭曲理解信息，倾向于把自己看作受害者。Sehaie 和 Hertzog（1984）发现从成人期的中期开始，人类对于高强度的信息处理能力就开始下降。Heckhausen 和 Schulz（1995）更进一步指出，对于年龄较大的顾客而言，信息处理能力和认知能力的降低会导致动机性过程的变化，更有可能会扭曲理解、偏颇理解某些信息。Laufer 和 Silvera（2006）的研究表明，当危机的发生是外部环境的力量所致时，老年消费者比青年消费者倾向于更少地责备品牌，且相比青年消费者，老年消费者会更少地呈现出与责备相联系的负面结果，如减少购买或传播负面口碑。方正、李蔚等（2007）在其研究中也指出年龄差异将会影响危机中顾客的购买意愿，而且老年顾客的购买意愿受损程度显著强于青年顾客和中年顾客，青年组和中年组的购买意愿受损程度并不存在显著差异。

另外，不同年龄层的消费者获取信息的途径是不同的，外界环境对于其决策的影响也存在差异，后续研究中，可进一步对这一领域进行深入探索。

（三）受教育程度

受教育程度的不同会导致消费者在理解广告、公关宣传、商品功能说明和商品使用说明等内容上存在差异。受教育程度越高，消费者的理解能力和搜集商品信息的能力越强，购买决策受周围环境的影响会较少，愿意相对独立地作出购买的决定。而受教育程度越低，理解能力一般会降低，尤其是对于专业性较强的商品说明，会因为消费者的受教育程度不同而产生较大的差异，当消费者面对难于理解的商品信息时，会转而求助于易于理解的替代形式，甚至中止消费。

在危机爆发后，受教育程度高的消费者会更多地凭借自己拥有的知识去判断信息，并且会更加主动地搜集品牌危机的信息，较少受到周围环境的影响；受教育程度低的消费者相对拥有较少的品牌专业知识，又不具备较强的信息搜寻能力，因此会比较依赖于周围人的评价。同时，受教育程度高的消费者具有更强的维权意识，对待危机会采取较审慎的态度；受教育程度低的消费者则有可能对于品牌危机不以为然，从而不会影响到他们的购买意愿。

二、消费者品牌承诺

品牌承诺是指当前的或潜在的顾客使用或体验某一品牌的产品或服务之后，渴望能从功能上和情感上获得某些利益，这些利益的本质就是品牌承诺。从关系角度来看，顾客和品牌之间的关系是一种相互依赖、彼此互动的结果，消费者通过长期对产品感知，使品牌更容易满足其社会及情感的需要，从而使消费者与品牌的关系逐渐密切，进而形成对品牌的一种行为和态度上的承诺。承诺同时反映了消费者与品牌间的关系，因此可将品牌承诺视为一种真正的忠诚，一种长期而有力的态度与关系。品牌危机发生时，不同品牌承诺度的消费者会对危机的感知存在差异。

Ahluwalia（2000）发现，当危机发生时，品牌承诺水平较高的消费者会首先质疑信息的可靠性，而品牌承诺水平较低的消费者则倾向于接受该信息。当负面信息确实真实可靠时，品牌承诺水平较高的消费者也会接受该信息，但会通过降低产品或服务受品牌危机影响的属性的重要性以及最小化危机的溢出效应等方式来弱化其负面影响。同时，品牌危机对于品牌承诺水平较低的消费者会呈现负面信息效应，而对于品牌承诺水平较高的消费者不会呈现负面信息效应。Mattila（2004）研究发现，当发生品牌危机时，高情感承诺的消费者会感到被品牌“背叛”，因此其对品牌的态度会急剧下降，而低情感承诺的消费者倾向于原谅品牌。

学者们对于品牌承诺究竟会弱化还是强化品牌危机的负面影响并无定论，未来的研究可以从更细致的危机情境出发，继续深入探讨这一问题。

三、消费者涉入

涉入是指消费者基于内在需要、价值和兴趣而产生的关联。这种个人关联，就是由消费者的需要、目标和价值观与产品属性之间的关系所决定的消费者能感知的相关程度。在产品涉入的研究中，个人关联是指产品与消费者的需要和价值的关联。产品涉入度是指消费者对产品的重视程度，或消费者对产品价值和意义的主观判断。这种判断受消费者的个人认识水平和心理状态的影响。产品涉入度与消费者对产品属性的理解和知识、产品重要性感知、品牌感知和偏好、广告感知以及消费者的感知风险正相关（Zaichkowsky，1985）。

涉入理论在消费者行为理论中扮演着相当重要的角色，它解释了人们如何进行信息搜集、筛选、评估以及购买决策。Flynn 和 Goldsmith 的研究指出，消费者认识到此产品对自己非常重要时，他就处于高涉入状态，而高涉入状态将会驱使消费者主动且积极地搜寻产品相关信息，认真地思考并比较品牌间的差异，以便作出最符合需要的决策。低涉入者在信息搜寻上显得消极而被动，不太愿意花太多时间去思考信息内容和比较品牌的差异，信息的评估过程也较为简单，在购买决策上并不追求最佳的购买决策，只要产品达到一定水平就可接受。涉入程度对消费行为的影响也表现为不同涉入程度下的消费者在信息搜集方式和购买决策过程中会表现出不同的行为与态度。杨学成等（2009）在对负面口碑信息和涉入程度对消费者品牌转换意愿的影响的研究中指出，涉入程度对口碑信息接收者的认知倾向以及态度的改变会产生影响，并导致口碑效果的变化。他们认为负面口碑信息接收者产品涉入程度越高，其品牌转换意愿就越强。通过对消费者产品涉入不同构面的研究，证实消费者在产品涉入不同构面的涉入程度是不同的，而且每个构面对消费者品牌转换意愿的影响也是不同的。研究表明，享乐价值和符号价值对消费者品牌转换意愿的影响最大，而感知风险的重要性与消费者品牌转换意愿之间不存在显著的相关关系。

本书认为，在品牌危机爆发的状态下，不同产品涉入程度的消费者会对品牌表现出不同的态度和购买意愿，品牌关系也会呈现出不同的变化幅度。产品涉入度越高，品牌关系变化幅度越大，危机的负面信息对消费者的影响越显著，则消费者的购买意愿越小，消费者品牌关系变化（恶化）幅度越大。除此之外，涉入程度对品牌危机的影响还会受到其他边界条件的影响，因此后续研究可引入相关的调节变量，深入探究产品涉入度对品牌危机的影响。

第四节 企业因素

面对同样的危机，有些企业不堪打击就此消亡，而有些企业则转危为安，浴火重生。企业自身的声誉和社会责任以及面对危机所采取的不同应对策略都直接影响着消费者对危机的感知程度。本节重点从企业社会责任和企业危机应对两个方面出发进行探讨。

一、企业社会责任

企业社会责任这一概念最早由美国的欧利文·谢尔顿提出，其基本含义是指企业应该为其影响到其他实体、社会和环境的所有行为负责。在这之后，众多学者对这一领域进行了研究，从不同的视角给出了企业社会责任的定义，哈罗德·孔茨与海因茨·韦里克（1993）认为“企业的社会责任就是认真地考虑公司的一举一动对社会的影响”。社会责任国际组织指出企业社会责任区别于商业责任，企业社会责任是指除了对股东负责，即创造财富之外，还必须对社会承担责任，一般包括遵守商业道德、保护劳工权利、保护环境、发展慈善事业、捐赠公益事业、保护弱势群体等。

近几年，学者们开始关注企业社会责任在市场营销领域的研究。研究发现企业的社会责任行为不仅是为了履行一些外部义务，如政府管制和股东需求，而且还为了提升自我利益，如提升企业竞争力和提升股票市场表现（Bansal & Roth，2000；Drum - wright，1994，1996；Waddock & Smith，2000）。从营销角度看，企业从企业社会责任行为得到的经济利益与消费者对产品和品牌的正面评价、消费者的品牌选择和品牌推荐是相联系的（Brown & Dacin，1997；Drum - wright，1994；Sen & Bhattacharya，2001）。透过不同的视角，这些理论的重要贡献在于它们共同阐释了两个问题：①除了对产品属性等经济和理性的考量外，企业社会责任会对常规消费者行为起作用。②企业社会责任对不相关的消费者判断（如新产品评价）会产生“溢出效应”或“晕轮效应”。所谓“晕轮效应”是指对由某一判断引发的“偏见”扩散到另一个判断（Thorndike，1920）。例如，消费者对某一品牌表现特征的强烈信念扩散到他们品牌信赖的信念，或消费者对某一品牌的整体态度会外溢到他们对品牌某一属性的评价（Beck & Lehmann，1975）。

Klein 和 Dawa（2004）从归因视角对企业社会责任和品牌危机中消费者的品牌评价进行了研究，证明企业社会责任的“晕轮效应”会在消费者对危机的归因过程中发挥作用。研究表明，企业社会责任对消费者的危机事件归因有直接而强烈的影响，企业社会责任可以减少消费者对企业谴责的程度，在发生产品危机事件时企业社会责任能起到有效的缓和作用。在归因的三个维度中，控制点和稳定性受到消费者原有企业社会责任的感知的影响，而控制因素受到的影响较小。正面的社会责任形象会使消费者把负面曝光事件的发生归因于外部的、偶然的原因，他们还发现归因是企业社会责任形象与消费者对企业的责备程度之间的中介变量。研究同时表明，这种中介作用只适用于企业社会责任敏感型的消费者。Liu（2010）等学者指出，在接触中等程度的负面信息时，高社会责任敏感度的消费者品牌态度的变化较大；而低社会责任敏感度的消费者则没有表现出明显的负面效应。

企业社会责任对品牌危机影响的研究还十分有限，“晕轮效应”的作用是否在任何危机情境下都存在，以及企业社会责任是否也同品牌资产对品牌危机的作用一样存在着正面和负面两种影响，这些都需要进行后续的研究。

二、企业危机应对

危机应对是指在危机事件发生后，针对特定的状况和危机情境，企业所采取的应对方式和执行策略。危机应对是企业减少危机伤害或转危为安的关键所在。现有文献主要从危机的应对方式和应对策略两个角度进行阐述。应对方式是指企业应对危机的方法，包括及时、一致和积极应对三个方面；应对策略则涵盖了企业应对的内容，是企业应对危机的具体策略。

（一）危机应对方式

及时的应对能够填补危机发生后消费者与企业间的信息空白，做到在第一时间安抚消费者（Augustine，1995；Darling，1994）。一致应对要求信息传播应保持前后一致，不出现矛盾。积极应对要求组织每位成员在整个危机过程中都要积极地作出回应。及时、一致与积极应对品牌危机是企业应该遵循的危机应对法则，是企业危机应对团队必须具备的危机应对技能，是危机处理成败的关键。

（二）危机应对策略

Benoit 和 Coombs 两位学者在这一领域作出了巨大的理论贡献，他们分别提出了形象修复理论和危机沟通理论。两种理论的目标是一致的，都是在了解危机情境的基础上，给出最适合的形象修复策略。Benoit（1995）认为，危机处理的目标在于两点：首先是让对方产生好感以达到目标，说服他人；其次是树立形象，让公众对企业留下好印象。Coombs 和 Holladay（1996）指出，危机处理的首要任务是保护企业形象，修复因危机而造成的受损形象，并承担应负的责任。Coombs（2006）将危机应对策略由“抗拒”到“和解”分为七类，分别是攻击谣言、坚决否认、托词辩解、行为正当化、取悦逢迎、改善行动和诚意致歉，并对已有文献进行系统整理，比较全面地指出了危机处理的一般策略与具体策略及其内涵构成。Benoit（1997）也提出了五种不同的方法：否认、逃避责任、减少攻击、认错道歉和修正行为。其中，逃避责任包括正当防卫、无力为之、生成意外和坚持出于善意四种方法，降低攻击性包括了强调正面、缩小负面情绪、区隔、超越层次、攻击指控者和表示同情六种方法。Coombs（1998）指出，危机处理策略是经由评估危机情境来加以选择的，当决策者能掌握危机情境，就能对外正确地传达有效的处理策略。

危机应对方式和应对策略的详细内容将在本书第六章进行系统阐述。危机应对策略实施得当，将会缓解品牌危机对品牌关系的冲击，从而挽回品牌形象，减少企业损失。对于应对策略的理论研究已经相对比较充分，学者们全面地归结出每种情境使用的应对策略。但该领域的实证研究相对有限，鉴于危机情境的复杂性，未来的研究可以进一步针对不同的危机情境，结合影响品牌危机和消费者品牌关系的其他因素，为复杂情境下的品牌危机应对提供支持。

第五节 品牌危机影响因素实证研究

品牌危机的演变过程受到诸多因素的影响，前面的章节对这些因素进行了详细的分析和探讨。在影响品牌危机的诸多因素中，本书认为对危机的情境因素的把握是危机管理的基础。因此，本节将以品牌危机归因和危机与品牌核心要素相关度为自变量，以品牌关系质量为因变量，探讨这两个因素对品牌关系质量的影响，进一步验证本书提出的观点。

一、研究假设

直接以品牌关系为因变量，进行品牌危机对其影响的研究比较有限。Aaker、Fournier 和 Brasel（2004）运用实地跟踪实验的方法，研究了两种品牌个性（真诚品牌和兴奋品牌）的品牌犯错行为对品牌关系强度的影响。谢毅、彭泗清（2009）选取了满意度和承诺两个维度，对两类公开信息对品牌关系的影响进行了研究。研究结果表明，在对原有的品牌关系进行控制的基础上，负面的公开信息会显著地削弱消费者的品牌关系，相比正面信息，其对品牌关系的影响更显著。本书以品牌关系为视角，探讨品牌危机对品牌关系的影响，拟弥补这一研究领域的空白。

对归因理论的研究发现，内因引发的危机会导致企业承担更多的危机责任，会给消费者留下更深的负面印象，从而影响消费者对品牌的态度和购买意愿，而外因引发的危机则对消费者的态度和购买意愿没有显著影响。本书认为，相比外因引发的品牌危机，内因引发的危机会给消费者的品牌关系造成更深的负面影响，由此提出假设 1（H1）。

H1：相比由外因引发的品牌危机，由内因引发的品牌危机会显著降低品牌关系质量。

品牌危机与品牌核心要素相关度是对品牌危机危害程度判定的关键要素，若危机触及品牌的核心要素，危机的危害程度较高，相比未触及品牌核心要素的品牌危机，会显著降低品牌关系质量，由此提出假设 2（H2）。

H2：相比非核心要素的品牌危机，核心要素的品牌危机会显著降低品牌关系质量。

二、实验一

（一）研究设计

1. 实验设计

实验一用于检验假设1，研究采用单因素两水平（危机归因：外因VS内因）组间实验来验证危机归因对品牌关系质量的影响。实验选择真实品牌为刺激品牌。相比虚拟品牌，在实验中运用真实品牌可以提高实验的外部效度，但是如果不能很好地控制被试对品牌原有的情感，则可能对实验的结果造成干扰。本研究关注的因变量为品牌关系，这种关系无法在实验中即时建立，因此选择真实的品牌更为合适。实验以饮料为刺激产品，主要基于前测中（$n=30$）消费者对饮料的熟悉度比较高（在7点量表中的均值为5.32，方差为1.17）。研究以暨南大学的学生为被试对象。背景材料描述均根据可口可乐品牌真实的品牌危机事件改编（见表4－1）。

表4－1 实验一背景材料描述

品牌危机归因		样本量
外因危机	据媒体报道，2009年某日，一男子在吃饭时喝进少量听装可口可乐，当场吐出大量汞珠，经检验被确认为汞中毒，可乐中含有较高浓度的汞成分。两个多月后，中学生王某称饮用一罐听装可口可乐后，胃内出现一道长约六厘米，宽度为三四毫米至一厘米不等的不规则光条。可口可乐公司深陷“中毒”风波，多个城市销量大跌，市场份额急速减小。随后警方介入调查。经过调查，警方公布结果，首例汞中毒案系人为投毒，第二例中毒事件也已澄清，系中毒者因好奇心误食并“嫁祸”于可口可乐，事件渐渐平息	32
内因危机	2009年某日，一些中小学生在饮用了可口可乐之后发生中毒现象，出现了呕吐、头晕眼花及头痛现象，可口可乐遭到禁销。事后，可口可乐公司对事件进行调查，结果为生产环节的失误造成（包装瓶内含有二氧化碳）。可口可乐公司随即向消费者道歉，并采取一系列赔偿、召回等应对措施，事件得以平息	33

本实验在课堂进行，参与实验的被试包括本科生和研究生，学生被随机分配到两个实验组，获得有效问卷65份，其中男生25名，女生40名。实验中，将被试随机分成两个小组，首先让被试填写问卷中的量表，以评价被试与可口可乐品牌的关系质量，接下来让被试认真阅读本次危机的背景资料，阅读完毕后重新

对被试与可口可乐的品牌关系强度进行评价，并填写问卷中其他检验操纵有效性的量表和个人信息。实验完成后，告知被试实验中所采用的均为虚拟信息，只用于学术研究。

2. 变量测量

实验中对品牌关系质量的测量，同本书第三章一样，均采用周志民的品牌关系指数量表，量表的具体问项已在第三章列出，本章不再赘述。

表 4-2 主要测项的 Cronbach's α 系数

维度	测项	Cronbach's α
品牌关系指数	29	0.905
承诺/相关度	11	0.925
归属/关注度	7	0.870
熟悉/了解度	5	0.889
信任/尊重度	4	0.878
联想/再认度	2	0.864

根据研究需要，选取危机归因的控制点来检验实验操控的有效性，测量题项选自 Coombs（1996，1998）的研究，问项为"您是否同意此次危机的爆发是企业外部原因造成的"。以上变量测量均采用7度量表，"1"表示完全不同意，"7"表示完全同意。

（二）数据分析

1. 操控检验

实验的操控检验显示，在外因品牌危机的实验组中，归因控制点的均值为4.31，标准差为1.014，在内因品牌危机的实验组中，归因控制点的均值为2.74，标准差为1.001，$F=133.724$，$p<0.000$，说明本次实验归因控制点的操控是有效的。

2. 假设检验

使用协方差分析检验品牌危机归因对品牌关系质量的影响。具体过程以品牌危机后品牌关系质量为因变量，以原有的品牌关系质量为协变量进行协方差分析。结果显示（见表4-3），品牌危机归因对品牌关系质量的主效应显著，外因危机时品牌关系质量的均值为3.59，标准差为0.984，内因危机时品牌关系质量的均值为3.21，标准差为1.001，$F=23.118$，$p<0.000$，表明相比外因危机，

内因引发的品牌危机会显著降低品牌关系质量。假设1得到验证。

表4-3 品牌危机归因的协方差分析结果

因变量：危机后品牌关系质量					
变异来源	平方和	df（自由度）	均方	F	Sig.
校正模型	108.343[a]	2	54.172	97.524	.000
截距	49.042	1	49.042	88.290	.000
已有品牌关系质量	100.122	1	100.122	180.248	.000
危机归因	12.841	1	12.841	23.118	.000
误差	129.424	233	.555		
总计	3 041.240	236			
校正的总计	237.767	235			
a. R^2 = .456（调整 R^2 = .451）					

（三）研究结论

实验一的研究表明品牌危机的归因能够显著地影响品牌关系质量，内因危机相比外因危机会显著地降低品牌关系质量，验证了本书的观点。因此，对于不同归因控制点的品牌危机，企业需要区别对待，内因造成的品牌危机会使消费者产生更强烈的负面印象，从而对品牌关系的负面影响也更大。在面对内因危机时，企业需要更加及时、积极地应对，努力地采取各种措施保护好品牌关系。研究中我们没有对品牌危机归因进行品牌关系质量的单个维度分析，未来可以进一步探究。

三、实验二

（一）研究设计

1. 前测

前测的目的是选定实验的背景材料，以期满足研究设计的要求。前测在正式实验前一个月进行，选取暨南大学的本科生30人，选择饮料作为刺激物，以农夫山泉为刺激品牌。前测采用问卷的形式，被试首先需要阅读关于农夫山泉品牌的相关描述，随后对水质、企业的社会责任行为（企业的公益活动参与状况和企业的污水治理状况等）两个要素对于品牌的重要性进行评分，采用5度量表进行测量，“1”为一点也不重要，“5”为非常重要。问卷中要包括产品熟悉度和被试个人信息的测量。

前测结果显示，水质测量的均值为4.29，标准差为0.517，企业社会责任行为测量的均值为2.65，标准差为0.885，$F=106.529$，$p<0.000$。因此，对于农夫山泉而言，水质是其品牌的核心要素，而企业社会责任行为相对水质属于品牌的非核心要素。7度量表测量产品熟悉度的均值为5.72，标准差为0.887，符合研究需求。

2. 实验设计

实验二用于检验假设2，研究同样采用单因素两水平（非核心要素品牌危机VS核心要素品牌危机）实验设计来验证危机与品牌核心要素的相关度对品牌关系质量的影响。实验二同实验一一样，选择真实品牌为刺激品牌。理由与实验一相同。根据前测结果，实验二以饮料为刺激产品，以暨南大学的学生为被试对象。背景材料描述均根据农夫山泉品牌真实的品牌危机事件改编，核心要素品牌危机背景材料选择农夫山泉“水质门”为背景进行改编，非核心要素品牌危机选择农夫山泉“诈捐门”事件进行改编，背景材料设置见表4－4。

表4－4 实验二背景材料描述

危机与品牌核心要素的相关度		样本量
非核心要素品牌危机	2009年某日，中国社会工作协会主办的《公益时报》发表文章，质疑农夫山泉始于2000年的“一分钱”捐赠活动是“诈捐”，中国社会工作协会也随即宣布将农夫山泉排除出2009年“优秀企业公民”活动评选范围。《公益时报》表示，2008年农夫山泉的市场销售量约为15亿～20亿瓶，按此规模农夫山泉应该每年至少拿出1 500万元注入助学基金，而不仅仅是2006年与宋庆龄基金会合作捐赠的500万元。对此，农夫山泉将《公益时报》连同中国社会工作协会一起告上了法庭，坚持要求其登报道歉并赔偿500万元名誉损失费，称“每次‘一分钱’项目都在有关媒体上公布了捐赠细则，甚至让公证单位进行了公证，一切都有据可查”	30
核心要素品牌危机	2009年某日，有媒体报道称，中国环境监测总站公布的一期《中国地表水水质月报》，农夫山泉水源地之一的千岛湖水源质量位居第IV类。根据国家环保部的分类，第IV类地表水主要是用于一般工业用水区及人体非直接接触的娱乐用水区。消息一传出，农夫山泉就立即收到深圳一家经销商1万箱水的退货要求。千岛湖所在地淳安县环保局办公室相关负责人对媒体表示，此次千岛湖被列入第IV类的是总氮这一项指标，仅指表征水体的营养程度和发生富营养化的风险程度，并不表明富营养化或失去水体环境功能。随后，浙江省环保厅负责人对外宣称“千岛湖水质总体良好，是全国水质最好的水库之一”。至此，事件得以平息	32

本实验在课堂进行，参与实验的被试包括本科生和研究生，学生被随机分配到两个实验组，获得有效问卷62份，其中男生24名，女生38名。实验步骤与实验一相同，在此不赘述。

3. 变量测量

实验二同样采用周志民的品牌关系指数量表测量背景资料危机前后品牌关系的质量，表4-5为品牌关系质量的信度检验。结果表明，变量整体和五个维度信度Cronbach's α都大于0.8，信度检验结果较好。变量测量采用7度量表，"1"为完全不同意，"7"为完全同意。

表4-5　主要测项的Cronbach's α系数

维度	测项	Cronbach's α
品牌关系指数	29	0.864
承诺/相关度	11	0.882
归属/关注度	7	0.826
熟悉/了解度	5	0.806
信任/尊重度	4	0.818
联想/再认度	2	0.832

根据研究需要，选取"您认为水源/企业公益捐款活动对于农夫山泉这一品牌的重要程度"这一问项来检验实验操作的有效性。变量测量采用5度量表，"1"为一点也不重要，"5"为非常重要。

（二）数据分析

1. 操控检验

实验的操控有效性检验显示，在核心要素品牌危机实验组中，农夫山泉水源对于品牌的重要程度测量的均值为4.27，标准差为0.554，企业公益捐款活动对于该品牌的重要程度测量的均值为2.78，标准差为0.985，$F=73.633$，$p<0.000$，说明实验的操控是有效的。

2. 假设检验

实验二同样使用协方差分析检验危机与品牌核心要素的相关度对品牌关系质量的影响。结果显示（见表4-6），危机与品牌核心要素的相关度对品牌关系质量的主效应显著，发生核心要素品牌危机时品牌关系质量的均值2.99，标准差为0.919，发生非核心要素品牌危机时品牌关系质量的均值为3.39，标准差为

0.880，$F=20.742$，$p<0.000$，表明相比非核心要素品牌危机，核心要素品牌危机会显著降低品牌关系质量。假设2得到验证。

表4-6 危机与品牌核心要素的相关度的协方差分析结果

因变量：危机后品牌关系质量					
变异来源	平方和	df（自由度）	均方	F	Sig.
校正模型	63.812[a]	2	31.906	61.812	.000
截距	58.511	1	58.511	113.354	.000
已有品牌关系质量	56.496	1	56.496	109.451	.000
危机归因	10.707	1	10.707	20.742	.000
误差	101.170	196	.516		
总计	2 255.560	199			
校正的总计	164.982	198			
a. R^2 = .387（调整 R^2 = .381）					

（三）研究结论

实验二的研究表明危机与品牌核心要素的相关度是影响危机后品牌关系质量的重要因素，相比非核心要素的品牌危机，其对品牌关系质量的负面影响更大。在遭遇品牌危机后，企业需要准确把握危机与品牌核心要素的相关程度，核心要素品牌危机会引发消费者更多的关注，具有更大的破坏性，处理不当会对消费者品牌关系造成严重的负面影响，给品牌关系修复造成巨大的阻碍。因此，在品牌危机应对环节，无论是核心要素品牌危机还是非核心要素品牌危机，企业都需要引起相当的重视，结合其他危机情境信息的分析，采取相应的应对策略，积极主动地进行应对。研究中我们没有对品牌关系质量的单个维度进行分析，未来的研究可以进一步探究。

四、总体讨论

以往对于品牌危机的研究很少将品牌关系质量作为因变量进行探讨，结合本书的研究视角，本节选取了危机归因（内因 VS 外因）和危机与品牌核心要素相关度（核心要素品牌危机 VS 非核心要素品牌危机）两个危机的情境变量，研究其对品牌关系质量的影响。研究结果与假设一致，说明危机归因是影响品牌关系质量的重要因素，同时，危机与品牌核心要素的相关程度作为本书提出的一个新的变量，同样会对品牌关系质量产生显著的影响。这充实了危机影响因素的研究。

在遭遇品牌危机后，企业需要全面分析危机的情境信息，把握各个因素对品牌关系质量的影响，准确地作出应对。具体的对于内因和外因品牌危机及核心要素与非核心要素品牌危机各自应对策略的运用将在本书第六章详细阐述。

未来的研究可在现有模型中增加新的调节变量，探讨在更复杂的情境和边界条件的作用下，品牌危机影响因素对品牌关系质量的影响机制，充实现有研究成果，为企业品牌危机管理提供借鉴。

第六节　案例分析：惠普“蟑螂门”品牌危机

一、惠普“蟑螂门”事件回顾

（一）惠普公司简介

惠普公司成立于1939年，是一家来自美国的资讯科技公司，主要专注于生产计算机、打印机、数码影像、软件及咨询服务等信息技术产品。2002年收购了美国著名的电脑公司康柏电脑，在中国九个城市都设有分公司，作为全球第一大PC生产厂，惠普为十大最受消费者推崇的电脑品牌之一。

（二）事件起因

2010年“3·15”晚会上，中央电视台对两款惠普笔记本电脑的大规模质量问题进行了报道，惠普公司客户体验管理专员袁明在接受采访时，对惠普笔记本的故障原因作出了自己的解释：“中国学生宿舍的蟑螂太恐怖，我们谁都解决不了的。”惠普的解释遭到了网友们的嘲讽，网友们纷纷要求惠普向大学宿舍道歉，向“小强”道歉。至此，惠普“蟑螂门”全面爆发。

（三）事件回顾

2009年以来，惠普dv2000、V3000等型号的笔记本电脑集中出现质量问题，引发消费者集体投诉，但惠普公司一直没有给予积极回应。170名消费者向有关部门发起联合投诉，要求惠普召回出现显卡高温、花屏、闪屏等质量问题的40个型号的笔记本电脑。

2009年12月17日，当中央电视台就此采访惠普相关人士时，对方仍拒不承认惠普笔记本有问题，坚称是用户使用的问题。客户体验管理专员袁明在接受采访时，称惠普笔记本出现故障与消费者笔记本使用环境的脏、乱、差有关。将笔记本电脑故障归罪于蟑螂，惠普遭到冷嘲热讽，各种搞笑蟑螂版充斥网络。2010 年 3 月 16 日凌晨，惠普在其中文官网公开表示，"由于产品和服务问题给客户带来不便，惠普向客户郑重道歉"。惠普公司同时表示，从今日起推出"客户关怀增强计划"，该项计划将为问题笔记本电脑提供延长保修等服务。惠普还表示，正在考虑对曾支付过主板的邮寄和维修费用的用户提供补贴。不过，惠普未对消费者的召回要求给予回应。2010 年 3 月 17 日，惠普召开紧急新闻发布会，承诺将在 30 天内实施综合整顿计划，惠普中国信息产品集团总经理张永利表示，就此事和为解决此事所拖延的时间，向中国消费者道歉。但对于惠普客服人员将电脑发热归罪于蟑螂的说法，他并未直接回应，仅表示将加强内部服务人员的培训。对于惠普是否会对问题笔记本作出召回及赔偿计划，张永利并未正面回应，他表示惠普会严格按照三包法规的相关规定，帮助消费者延长保修甚至退机。

在新浪网站一项 6 万多人参与的投票里，95.2% 的人认为，此次危机影响了自己对惠普品牌的印象，97.4% 的人认为应该建立笔记本召回制度。据某报消息，根据出货量计算，惠普"蟑螂门"后，国内 PC 格局发生重大变化，联想、戴尔、宏碁位列前三甲，惠普已从前三甲退出。IDC 的信息显示，惠普在华市场份额已经由 2009 年同期的 16.6% 下降至 2010 年的 9.2%，不仅大幅落后于联想，而且被戴尔和宏碁超越。这意味着，惠普终于为自己"高傲"地对待在华市场买单，对其产品质量的长期质疑终于反映在销量的减少上，产品问题再加上售后服务屡屡被质疑的惠普终于跌出市场前三。

二、惠普"蟑螂门"危机情境分析

惠普"蟑螂门"的爆发使其品牌形象大跌。就此次危机的实质，我们首先从其归因入手进行分析。经过对事件的回顾，我们不难看出，惠普产品质量缺陷和对消费者的藐视是此次危机爆发的主要原因。从归因的控制点进行判断，此次危机的责任完全在企业内部。因此，此次危机可以说是企业主动引起的，惠普需要承担非常大的危机责任。同时，此次危机的爆发并非企业不可控的，在遭到大量消费者投诉后，惠普依然对产品本身存在的质量问题视而不见，并且在接受央视采访时，也没有正视自身的产品缺陷，而是把事件的责任推卸给大学宿舍的条件，引发大规模的危机，可以说此次危机是惠普的故意犯错行为。而从归因的稳定性来讲，在此次危机爆发之前，惠普就曾两次因质量问题在世界范围内召回两款笔记本电池，在消费者眼中，惠普的危机史为此次品牌危机的爆发增加了一种必然性的判断。从归因的三个维度分析，惠普都难辞其咎。

笔记本电脑市场是一个以技术和创新为生命的行业，产品质量是笔记本电脑品牌最核心的关键要素，产品质量的缺陷是不能容忍的，惠普在出现质量问题之后，不但未能给出妥善的处理，反而采取一种推卸责任的态度，更加加深消费者对惠普品牌的负面情绪，最终导致了危机的大面积爆发。

登上央视“3·15”黑名单对于企业而言无疑是一场灾难，“蟑螂门”事件被如此权威的媒体曝光，引发社会各界高度关注。网络铺天盖地的报道和网友们愤怒的声讨让惠普“蟑螂门”的影响迅速蔓延，品牌危机不断升级。此次危机虽然未造成消费者身体上的伤害，但对于问题电脑的购买者，给他们造成的物质上的损失和心理上的伤害是非常严重的。惠普在危机中暴露出的产品质量问题和对待消费者漠视、傲慢的态度，更让一向拥戴惠普品牌的消费者大感失望。综合以上危机情境的分析，也就不难理解为何此次危机后，惠普遭到消费者的一致谴责。

三、惠普“蟑螂门”危机应对策略分析

（一）危机应对方式

面对早就发现的质量问题，惠普在危机前期的处理中，可谓反应迟缓、被动，态度傲慢，在受到消费者联名投诉后，仍未采取任何的应对措施，而是拖延时间，推卸责任。“蟑螂门”事件爆发后，表面上看，惠普在第一时间给予了回应，但在其回应中，并未显示出其解决问题的诚意和对消费者的尊重，面对消费者召回要求不予回应，同时也没有对蟑螂导致笔记本故障一说给予回应，两次回应都回避召回话题，被批“在打太极、虚伪、无诚意”。从应对的一致性来看，惠普开始拒不承认自身产品存在质量问题，在央视报道后，也并未对质量问题予以回应，而是称对解决问题而拖延的时间向消费者道歉，究其危机应对方式，在及时性、积极性和一致性上都毫无可取之处。

（二）危机应对策略

1. 否认、逃避责任

在危机初期，面对连续数月来消费者的联名投诉，中央电视台的采访中惠普的态度是拒不承认自身产品有质量问题，坚称是用户使用的问题，并把电脑故障的原因推到“环境差”和“蟑螂”身上。然而，很明显，数月的消费者联名投诉绝非是无中生有，惠普没能给出一个解决消费者投诉的办法。危机爆发后，否认和推卸责任对于这样一个由内因引发的品牌危机来说，绝非明智之举。

2. 认错道歉、修正行为

在“3·15”晚会后，惠普质量危机升级，“蟑螂门”全面爆发，不同于之前的傲慢态度，惠普不再提诸如“中国学生宿舍的蟑螂”之类的原因，而是表示歉意，并提出延长保修期限等承诺，提出了“客户关怀增强计划”。这时的道歉似乎为时已晚，并且所谓的修正行为也并没能显示出惠普的诚意，更像是危机发生后被动地应付公众，而未能给出让消费者满意的解决方案。

综上所述，我们可以看出惠普此次危机事件的应对并不让人满意，消费者对其印象也大打折扣，其在华销售份额的大幅下跌证实了这一点。

本章小结

本章在大量文献阅读整理的基础上，将品牌危机的影响因素归结为危机情境因素、品牌因素、消费者因素和企业因素四个方面。危机情境因素包含了危机归因、危机严重程度、危机史和危机与品牌核心要素的相关程度四个组成部分。其中归因是消费者处理危机的第一步，对危机后品牌关系的变化至关重要，同时消费者因素和企业因素对品牌关系的影响都不同程度地与危机归因有关联。品牌因素包含了品牌个性、品牌资产两个方面。消费者因素涵盖了消费者个人特征、消费者品牌承诺和消费者涉入三个方面。企业因素中指出企业社会责任和企业危机应对对品牌危机的影响。在对四方面影响因素的已有研究成果进行分析和探讨的基础上，选取了危机归因和危机与品牌核心要素相关度两个危机的情境变量，通过实验法研究其对品牌关系质量的影响，进一步验证了本书的理论视角和观点。需要指出的是，任何一个因素都不是孤立作用于品牌危机的，评估危机发展态势时需要全面地考量各种影响因素，在全面掌握信息、透视局势发展的基础上制定相应的有效的应对修复策略，维护品牌形象，使品牌在危机后能够更快地振作起来。

第三编

基于品牌关系的品牌危机管理

第五章　品牌危机预防——维护品牌关系

品牌危机的防范是品牌危机管理的首要阶段。品牌危机的防范包括两层含义，一是建立防范意识，避免危机的发生；二是事先制订各种危机处理计划，建立全面的危机预警系统。本章将从这两个层面出发，探讨品牌危机的预防，维护品牌与消费者以及其他利益相关者之间的良好关系。

第一节　品牌危机预防意识的建立

一、建立具有危机意识的企业文化

"温水煮青蛙"的试验道出了从量变到质变的原理，说明失去戒备而招灾的道理。倘若不能做到居安思危、未雨绸缪，危机就会在不经意的时候出现。因此，企业必须始终具有强烈的危机意识，而且这种危机意识必须贯穿于企业的所有层面。

建立具有危机意识的企业文化，能够使品牌危机在所有员工心中形成一种潜意识。在整个企业范围内，提高企业对品牌危机的认知程度和反应速度，从而完善企业的品牌危机预防机制。具有危机意识的企业文化，一方面要培养员工对工作的忠诚感、使命感以及对事业的责任感，在长期的生产经营活动中逐渐养成对客户负责、对社会负责、对自己行为负责的意识，只有这样才能提高产品质量和服务质量，获得消费者的认可和信任，降低品牌危机发生的几率。另一方面，企业管理者还必须提高全体员工的风险意识，让所有员工都充分认识到"生于忧患，死于安乐"的道理，意识到具有危机意识的重要性。当然，唤起全体员工的危机意识是一个长期的过程，需要企业持之以恒的投入。所谓企业全体员工的危机意识是指危机预防工作不仅仅依靠品牌管理部门和高层管理人员，而要求企业全体员工共同参与。

二、维持具有互动意识的品牌关系

未雨绸缪永远是企业应对品牌危机的最佳良药。维护和强化品牌同消费者、企业、政府以及其他利益相关者的关系，有助于企业建立值得信赖的品牌形象，获得大量的忠诚顾客和稳定的生存环境。具体来看，企业必须要维护好以下四方面的品牌关系：

1. 消费者与品牌的关系

消费者与品牌的关系是品牌关系管理最为核心的部分。品牌的价值体现在品牌与消费者的关系上，所以企业创建品牌，必须重视消费者，而且需要不断强化二者之间的关系。成功的品牌总是牢牢地把握住消费者，引导他们从对品牌一无所知到逐渐认识、开始购买，再促使他们建立起对品牌的认同和忠诚。培养品牌的忠诚顾客不仅可以节省企业的营销成本，还可以为企业塑造良好口碑，吸引更多的消费者。维护和促进消费者与品牌之间的良好沟通，有助于企业及时了解消费者的需求和意见，将消费者的不满和抱怨消除在萌芽状态，并获得消费者对品牌的深厚情感和喜爱。

2. 政府与品牌的关系

现代企业不仅要注重实现经济利益，同时也要注重承担社会责任。政府行为对消费者的品牌信任度具有深远影响。政府对品牌的责任一方面在于监督，另一方面在于保护。企业在日常的运营管理中就应当重视与政府保持良好的互动关系。一旦危机爆发，政府往往能成为企业力挽狂澜、抵御危机冲击的最后一道屏障。

3. 媒体与品牌的关系

媒体不但可以选择对品牌正面或者负面地报道，还可以决定报道范围和深度。当企业品牌表现良好时，它们与企业品牌的关系也是好的，当企业品牌出现危机的时候，它们对企业品牌的态度也会急转直下。它们这些行为间接影响客户对企业品牌的感受，从而使得企业品牌的实力发生改变。尤其是在信息爆炸、资讯发达的今天，企业的任何一个看似微小的管理失误，都有可能因为处理不当遭到媒体的迅速报道，扩大影响，甚至企业在面对外界的谣言时没有及时采取有力措施，没有与媒体保持积极主动的、良好的沟通，都有可能遭到媒体的不当报道，从而大大影响消费者对企业品牌的评价。

4. 其他利益相关者与品牌的关系

其他利益相关者范围很广，比如企业的供应商、分销商、竞争者以及股东。这些利益相关者也与企业具有紧密的关系，企业在平时应该注意建立和维护好与之相关的品牌关系，才能抵抗危机的冲击。

总之，企业要以品牌与消费者的关系为核心开展跟政府、媒体以及其他利益相关者之间的互动式关系管理，才能够维持良好的品牌关系，帮助企业应对危机。当然，我们也不能寄望于品牌危机永远不会发生，当品牌危机爆发时，企业也应当具备一整套有效可行的品牌危机预警系统，让企业能尽早察觉危机的来临，从而快速采取有效措施。

第二节 品牌危机预警系统的建立

品牌危机预警是根据品牌危机的前兆，查找导致前兆的根源，控制危机事件的进一步发展或将危机事件扼杀于萌芽状态，以减少危机的发生或降低危机危害程度的过程。品牌危机预警的目的是减少危机的发生或降低危机的破坏程度，实现企业的持续经营。本章将品牌预警系统的建立分为三个阶段：识别品牌危机；评估品牌危机；处理品牌危机。

一、识别品牌危机

对企业而言，预防危机的关键和核心在于识别危机。危机识别的关键就在于搜集危机征兆信息，并根据搜集的信息资料分析整理后，确认危机的范围、类别和严重程度。

（一）搜集危机征兆信息

诱发危机的因素有很多，大到宏观经济形势的走向，小到企业员工的一言一行，都有可能是造成品牌危机的先兆。具体而言企业需要关注以下五类信息：

（1）国家宏观经济环境。企业的生存和发展跟国家宏观政策息息相关，相关经济政策的出台或市场因素的变化都会影响企业的发展。因此，企业要时刻关注国家宏观经济的走势，以便及早采取应对措施。

（2）行业走势及竞争对手动态。在关注企业所处大环境的基础上，还应重视行业内部信息的变动，如行业内部和竞争对手的动态信息，包括目前行业在哪些方面存在问题、竞争对手目前都有何种新产品发布、本行业有何种舆论导向等相关信息。

（3）媒体信息。大众媒体由于能够触及最广大的公众，已经不可否认地成为介于政府和公众之间的重要力量。媒体一方面承担着信息传播的重要职能，另一方面也肩负着代替广大公众的监督职能，比如通过网络经常可以接触到各类灾难事故的报道评论。对于媒体信息的关注是企业获取危机征兆的重要途径。

（4）利益相关者的信息反馈。利益相关者是与企业生存和发展息息相关的人，包括投资者、顾客、员工、供应商、渠道商、政府执法检查监督者等。利益相关者对企业的日常运营、生产管理、产品质量、市场营销、企业形象等方面的任何抱怨、建议、警告都应该引起企业危机管理者的足够重视。利益相关者的信息反馈往往是危机发生前最重要的渠道来源。

（5）企业内部潜在信息。除了关注外部信息的影响，企业也应该关注在生产经营过程、人力资源管理过程以及财务管理过程中的相关信息，发现企业内部的潜在威胁。

（二）确认引发危机的类别

企业监测和搜寻到各种危机发生的信息后，紧接着就要对这些危机征兆信息进行系统的整理和分析，确认可能引发危机的类别。各种类型的危机其动因、过程和发展都具有不同的特点，因此，有区别地加以分析对于防范危机具有重要意义。

1. 核心要素品牌危机与非核心要素品牌危机

诱发核心要素品牌危机和非核心要素品牌危机的原因不同，对品牌关系造成的损害也不同，因此需要有区别地加以防范。从成因角度出发，核心要素的品牌危机大多是由产品质量问题诱发的，比如食品安全问题、汽车刹车失灵问题、笔记本电池爆炸问题等都是由产品质量存在缺陷或不足引起的。而非核心要素的品牌危机多是由品牌形象破坏或者品牌信誉问题引发的危机。比如企业涉嫌走私贿赂、劳务纠纷、社会责任缺失等问题引发的企业形象受损或者企业信誉丧失的危机。通过对企业监控到的前期危机征兆的综合分析，初步判断危机的诱因，以划分危机的类型。

从危机的发展态势来看，核心要素品牌危机和非核心要素品牌危机发展的过程不同。如前面几章所分析的，由于核心要素的品牌危机伤害到品牌的核心联想，造成的损害程度远远高于非核心要素对企业的危害。企业在前期的预防控制中，更需要提高警惕，及时解决问题，防止危机的进一步蔓延。

2. 主动品牌危机与被动品牌危机

按照诱发品牌危机的来源不同可以分为主动品牌危机和被动品牌危机。从危机征兆搜寻的角度来看，主动品牌危机多是企业内部因素引发的，易于被企业自身发现并及时监控和管理。而被动品牌危机来源比较广泛，可能是竞争对手、国家宏观经济政策、媒体原因等引起的，分析和寻找危机的源头比较费时费力，不易于进行监控和发现，往往很难在危机的潜伏期发现。

从危机的发展态势来看，主动品牌危机如果不能及早被发现，其造成的影响比被动品牌危机更严重。由于主动品牌危机较难获得消费者的理解，企业很难为自己辩护，因此危机会蔓延得更加快速。被动品牌危机虽然较难发现，然而一旦企业能积极主动地解释误会，取得消费者的谅解，就能有效地消除危机。

3. 行业性品牌危机与非行业性品牌危机

行业性品牌危机和非行业性品牌危机在潜伏阶段并没有本质的区别。单个企业的品牌危机控制不好就有可能蔓延为行业性品牌危机，而全面爆发的行业性品牌危机对任何存在其中的企业都会造成潜在的威胁。要想较早地识别这两类危机，必须对行业走势和竞争对手的动态进行长期的关注和监控。较早地发现问题，在整个行业内解决问题，才能有效地预防此类品牌危机。

二、评估品牌危机

危机评估是危机识别的延续。对危机进行识别后，通过设置合理、全面的品牌危机预警评价指标体系，准确测量企业品牌面临的各种客观情况，对危机的范围、严重程度进行准确的预测或者评价，才能有助于企业快速制定相应的措施。

（一）品牌危机预警指标体系构建原则

品牌预警管理指标的构建应当遵循以下原则：

（1）规范性原则。对指标的理解和数据的取得应具有规范性，便于指标的处理和数据的共享。

（2）可度量性原则。不管是直接实证统计调查获取的客观数据，还是经过人工评分方法所测得的主观数据，都要求能够用精确、定量化的数值表示，这是品牌危机预警管理监控指标体系正常运行的基本要求。

（3）敏感性原则。预警监测指标的评价结果应当可以敏感地反映品牌的安全状况，指标的任何变动即表明实际品牌安全状况正在或将要发生变化。

（4）预警性原则。指标在描述品牌安全的实际状况时，应有测评品牌安全出现变化趋势的预测特性。

（5）定量与定性相结合原则。预警指标的选取可以是定量测量，也可以是定性描述，采用定量和定性相结合的方式，更有利于全面描述品牌安全状态。

（6）全面性原则。全面性不等于越多越好，指标的全面性与其代表性是此消彼长的。这涉及指标的选取与方法的协调问题。有的方法本身能够消除指标之间的相互干扰和替代，这时选取指标应注意全面性，而另一些方法却要求评价指标间尽可能不相关，这时就要注意指标的代表性。

（二）品牌危机预警指标的设立方法

在设立品牌危机预警评价指标体系的时候，可以设立品牌资产状况、品牌管理状况、品牌环境状况等一级指标。其中：①品牌资产状况下可以包括市场占有率、品牌市场销售额、销售利润率、品牌知名度、品牌联想度、品牌美誉度、品牌忠诚度、品牌信仰等二级指标。②品牌管理状况下具体包括品牌战略管理、品牌培育战略、品牌运营管理、品牌危机管理等二级指标。③品牌环境状况又分为内部环境和外部环境，内部环境包括企业管理与财务管理、技术创新、人力资本、企业文化等二级指标；外部环境则包括政府政策、法律法规、宏观经济态势、供应商态势、中间商态势、竞争态势、市场需求、社会舆论等二级指标。以上这些指标数值，应该根据企业的实际情况去取得，有些通过主观的评估获得，有些则可以直接通过数理分析获得。

（三）品牌危机预警系统对危机的监测评价

要保证品牌危机预警管理系统正常运行并起到其应有的作用，首先要把相关预警指标，比如品牌资产的安全状况、品牌环境状况和品牌管理状况等输入预警信息系统中，利用层次分析法和模糊综合评价法来分析，从而确定品牌的安全状态，如果品牌处于安全状态，就直接返回，无须采取对策；反之，则启动预控对策系统，这时结果也有两种，一是品牌恢复安全状态，一是品牌危机产生，进入危机处理状态。

在品牌危机预警系统的运行中，无论品牌处于何种状态，都应将其相关的活动和结果的参数反馈到危机预警管理系统中的信息库和对策库中，这有利于合理地调整和优化下一个过程的预警活动。而对于危及品牌安全的突发性事件，通过收集相关的案例，分析企业可能会遇到的所有危及品牌安全的突发性事件，进而建立一个有效的对策库，通过有效的技术手段模拟可能的突发性事件对品牌的冲击。通过这样的准备工作，一旦突发性事件发生，企业就可以及时采取措施化险为夷。

三、处理品牌危机

品牌危机的处理不同于我们后面章节所要讨论的品牌危机的应对。处理危机指的是在发现危机征兆后，为了减少品牌危机造成的危害，根据品牌危机评价指标体系，对于具有不同品牌危机征兆的情况，采取相应的调控措施和手段。品牌危机处理的效果直接影响着危机对品牌造成损害的程度和危机造成破坏的程度。我们将简单列举集中处理品牌危机的措施和手段，帮助读者理解在品牌危机评估后如何进行处理。

（一）启动预控对策系统

品牌安全预控对策是根据品牌安全预警分析所提供的警示信息采取相应的调控措施，对各类危机征兆进行早期预防与提前控制的管理活动，预控对策的目的在于纠错、治错，从而防止品牌危机发生，减少品牌危机所造成的损失或者抑制品牌危机的进一步恶化。具体可以分两个部分：组织准备和日常监控。组织准备是指开展品牌安全预控对策行动的组织保障活动，它包括对策的制定与实施活动的制度、标准、规章，目的在于为预控对策活动提供有保障的组织环境。而日常监控则是对品牌预警分析活动所确定的主要不安全现象进行特别监视与控制的管理活动。如果在预控措施之后，危机仍然不能控制或者消除，那就要进入危机管理阶段。

（二）危机管理

品牌危机管理是指日常监控无法有效扭转品牌不安全现象的发展，或是在突发性事件的冲击下，品牌陷入重度危机状态时采取的一种特别管理活动。危机管理是一种“例外”性质的管理，即只有在特殊情况下才采用的特别管理方式。它是在品牌管理系统已无法控制品牌的危机状态或企业领导层基本丧失指挥能力的情况下，以特别的危机计划、领导小组、应急措施来介入品牌危机应对的管理过程。

第三节　品牌危机预警系统的管理模式

品牌关系是多个企业相关利益主体价值平衡的系统，它需要企业资源系统各要素的协同作用及稳定发展。因此，要真正实现对品牌危机的有效预测、防范，企业在开展品牌危机预警工作时，除了要建立适合企业自身实际情况的、可操作性强的品牌危机预警系统，还必须融会贯通地运用好以下四种针对品牌危机预警系统的管理模式：全程渗透预警模式、核心要素预警模式、企业全员预警模式和协同推动预警模式。

一、全程渗透预警模式

所谓全程渗透预警，一是指对企业的品牌价值从观念层到价值表象层的外化过程进行全程渗透预警，二是指对各相关利益主体之间尤其是消费者与品牌之间价值关系的展开过程进行全程渗透预警。

1. 对品牌价值外化全过程进行预警

品牌价值体系起源于品牌价值观念层的确立与平衡，经过产品的设计、试验、生产、质检以及其他大量的企业内部管理工作完成基础支持层面的价值转化，再经过产品包装、广告、分销、促销、物流配送等一系列的外化载体层的运动，进一步形成品牌的表象价值，如美誉度、知名度、市场领导力、品牌资产评估价值等。品牌预警必须是对这四层次外化过程的全程渗透预警。

2. 对利益相关者的价值关系发展进行预警

品牌的运转过程实际上也是品牌体系中各利益主体价值关系的过程。在企业与各主体动态的交互作用过程中，品牌价值得以表达和实现，各方都得到自己想要的价值。换言之，品牌体系就是一个价值关系平衡体系。由于环境因素和其他人为因素，品牌价值往往无法连续地向目标群体传送，经常出现关系展开过程中的某一个或一些环节偏离品牌价值导向，造成品牌价值传播过程的中断，价值系统失衡，形成品牌危机。所以，品牌预警要从价值关系展开的全过程着眼，真正渗透到各个具体层面，根据某类关系展开全程中的关键节点设计出监测指标，收集数据信息进行监控。

二、核心要素预警模式

核心要素预警是指企业在对品牌价值体系的每个层面的各种要素进行检测调控的基础上，尤其要针对各层次的核心要素进行重点预警。行业不同，企业不同，品牌体系中每个层次中的核心或关键要素也不相同。根据重要性的不同，品牌体系每一层面中又可以分为几个不同的层次：核心层、中间层和边缘层。例如，在价值观念层面，通常消费者的价值观念和品牌的市场定位处于核心层次；企业和员工的价值观，以及主要经销商、供应商、合作伙伴的价值观处于中间层；而非主要经销商、债权人、媒体、政府、社区等的价值观则一般处于边缘层。企业的品牌危机预警工作要牢牢抓住核心层次进行重点预警。

三、企业全员预警模式

所谓企业全员预警是指预警工作不仅仅依靠品牌管理部门和高层管理人员，而且要求企业全体员工共同参与。例如，车间的工人似乎与品牌预警没有关系，但如果工人没有预警意识，或责任心不强，产品出现缺陷的概率就会增加，给消费者带来危害的概率也会增加，使品牌风险随之增加。只靠品牌预警部门仅能监测到消费者受到伤害后反馈的信息，而此时信息已经有很大的滞后性了，预警作用大打折扣。企业全员预警则可以真正做到防患于未然。

四、协同推动预警模式

品牌危机预警与品牌关系的建设维护是密不可分的，两者必须紧密结合、互相渗透，协同推动企业品牌形象的提升。从功能上讲，品牌危机预警系统在出现危机征兆时需要向企业管理层发出预警信号，使之采取对策调控品牌管理行为，从而令品牌危机预警转化为品牌关系的维护。同时，品牌关系的建设与维护所涉及的各方面内容，也都必须在预警系统的监测下才能顺利进行。因此，企业对品牌危机预警系统的管理运作，必须采取品牌关系管理与品牌危机预警紧密结合的协同推动预警模式，如下图所示。

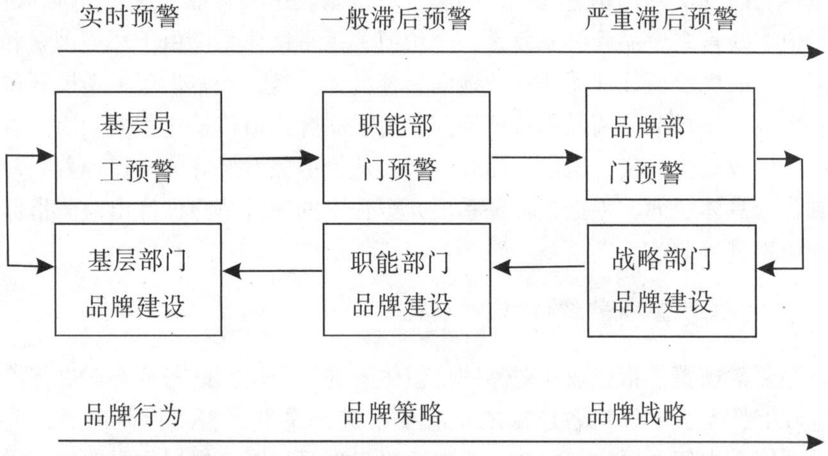

品牌危机预警与品牌关系建设协同推动预警模式

资料来源：刘庆玉，吴烽．企业品牌危机预警系统的构建［J］．云南财贸学院学报，2005，21（4）：62～66.

总之，企业应结合自身实际情况，在正确认识品牌价值本质内涵的基础上，将四种预警管理模式合为一体、交互利用，在抓品牌建设的同时，建立起品牌预警系统。任何一个有效的品牌危机预警系统都应该是这四种预警模式的协同作用。

品牌危机的预防是为了控制危机的进一步蔓延，主要是在品牌危机的潜伏阶段。对经过预防仍然继续蔓延或者爆发的危机，就必须采取有效的应对策略，我们将在下一章讨论这个问题。

第四节　案例分析

一、肯德基“苏丹红一号”事件

（一）企业简介

肯德基源于美国，创建于1952年，是世界著名的炸鸡快餐连锁企业，在全球80多个国家拥有14 000多家餐厅。截至2009年1月底，肯德基在中国内地450个城市开设了2 300余家餐厅。肯德基近年来以每天至少一家的开店速度快速发展，成为中国餐饮业规模大、发展快、效益好的连锁品牌。肯德基（KFC）和著名的休闲餐饮品牌必胜客（Pizza Hut）、墨西哥风味餐厅塔可钟（TACO BELL）以及A&W、Long John Silver's（LJS）同属于全球餐饮连锁巨头——百胜餐饮集团。

（二）危机回顾

2005年2月18日，使用了英国第一食品公司原料的亨氏公司，其食品被发现含有禁用于食品生产的工业用染料“苏丹红一号”。亨氏的产品、企业危机全面爆发。3月16日晚，中国百胜餐饮集团发表声明，称在肯德基新奥尔良烤翅和新奥尔良烤鸡腿堡调料中发现了“苏丹红一号”成分。于是，“苏丹红一号”大征讨在全国蔓延开来。

信息时代，资讯的传播速度惊人。“亨氏、肯德基涉红”一时间成为爆炸性新闻，各大媒体纷纷谈“红”色变。但亨氏并没有及时对中国消费者的反应作出回应，表现出了跨国公司的傲慢与自大。随后，在媒体连篇累牍的抨击下，亨氏才给出了声音不大的回复，但结果仍然没有满足消费者的合理要求。

肯德基起初在“苏丹红一号”事件中表现也并不积极，甚至有推卸责任之嫌。比如，其两款产品被查出“苏丹红一号”后，该公司火速给各大媒体传真了致公众的声明。本来是很好的危机公关措施，但是很遗憾，在声明中，消费者看到的都是供应商的错，肯德基表示“遗憾”。如“我们虽然多次要求百胜的相关供应商确保其产品不含‘苏丹红一号’，并获得了他们的书面保证，但是非常遗憾，昨天在肯德基新奥尔良烤翅和新奥尔良烤鸡腿堡调料中还是发现了‘苏丹红一号’成分……我们同时将严格追查此次在调料中违规使用‘苏丹红一号’的责任，确保此类事件不再发生”。

不过，肯德基的母公司中国百胜餐饮集团挽救了肯德基。百胜在全国各地同一时间发表公开声明，称前一天晚上在新奥尔良烤翅和新奥尔良烤鸡腿堡的调料中发现“苏丹红一号”，各门店从当天起停止销售相关食品。

随后，肯德基开始在媒体广告上展开针对性行动，在“肯德基立足中国”的广告语后加上“肯德基产品均通过权威部门检测，请放心食用”等字样。同时，肯德基积极配合以“揭露问题”著称的中央电视台《新闻调查》以及《每周质量报告》等栏目的采访，开始以不回避责任的正面姿态出现在公众面前，顺利度过了这次的品牌危机事件。

（三）案例启示

面对突如其来的危机，尽管刚开始肯德基表现得似乎不够诚实负责，但其后来迅速采取的补救措施产生了积极效果。一场来势汹汹的危机，在连续的公开声明和果断措施中渐渐化解，肯德基的餐厅里依旧生意红火。

值得注意的是，肯德基的危机处理能力并非一朝一夕形成的。作为全球著名的食品企业，在肯德基近百年的发展历史上，类似"苏丹红一号"事件的经历绝对不止一次。从 1987 年进入中国市场，肯德基已经历了"非典"、禽流感等重大危机。然而，每次都被推到风口浪尖的肯德基，总是通过一系列有效的危机公关化险为夷，安然过关。

这一切得益于肯德基未雨绸缪的危机意识。肯德基在企业内部有一套比较成熟而完善的危机处理预案，每当发生危机时，一个由各相关部门组成的危机小组就会马上成立。在这次"苏丹红一号"事件中，肯德基在 2 月底就启动了危机小组，以运营、产品质量控制、物流和公共事务等部门的 10 多位员工为小组核心，共同应对这次可能危及肯德基品牌在中国声誉的危机事件。

归纳起来，该案例可得到如下三方面的启示：

（1）敏锐的危机意识。在英国食品标准署发出苏丹红警告后，肯德基自查自检，主动出击，更让人称道的是，自己先行曝自己的光，变被动为主动，掌握了控制事态的主动权。

（2）有备无患，快速反应。无论是处理"苏丹红一号"事件，还是应对"非典"和禽流感，肯德基的出手都不是临时性的行为。在企业内部有一套比较成熟而完善的危机预警系统和危机处理预案，一旦危机发生，一个由相关部门组成的危机攻关小组就会马上成立，按程序工作。可见，未雨绸缪，把防范措施准备在危机发生之前，才能帮助企业轻松过关。

（3）全面细致的预案准备。在此次"苏丹红一号"事件过后，肯德基制定了一系列的危机处理预案，几乎把所有可能发生的情况都考虑进去了，而且每个部门还根据总预案制定了各自的部门子预案。

通过分析肯德基的苏丹红事件，我们得到的启示很多。由于现代企业所处市场环境的极大不确定性，要求企业不能只重视常规性的管理，必须引入危机预警管理机制，降低企业经营管理过程中的风险，使企业品牌经得起风云变幻的市场考验。

二、光明“问题奶”事件

（一）企业简介

成立于1996年的上海光明乳业有限公司是由国资、外资、民营资本组成的产权多元化的股份制上市公司，主要从事乳制品的开发、生产和销售，奶牛和公牛的饲养、培育，物流配送以及营养保健食品的开发、生产和销售。企业拥有世界一流的乳业研发中心、乳品加工设备以及先进的乳品加工工艺，形成了消毒奶、保鲜奶、酸奶、超高温灭菌奶、奶粉、黄油干酪、果汁饮料等系列产品，是目前全国最大规模的乳制品生产、销售企业之一。

（二）危机回顾

2005年6月5日，河南电视台三套节目在《民生大参考》栏目以“名牌牛奶如此制造”为题曝光了光明牛奶生产中存在的问题，6月6日的《东方今报》也以“变质光明牛奶返厂加工再销售”为题报道了郑州光明山盟乳业有限公司利用从市场上回收的过期变质牛奶重新生产加工“光明纯牛奶”等产品的事件。该报道披露了记者装扮成散工，进入郑州光明山盟乳业有限公司下属的牛奶回收车间工作的情况。记者发现大量过期牛奶露天堆放在车间，很多奶袋子上黏着腐烂物和蠕动的蛆，拆开后发出恶臭。差奶工划开奶袋，把牛奶倒进大桶后推进车间，工人用管子把这些牛奶都吸进一个被称为回奶罐的金属容器中加工生产。记者按最低标准估算，仅郑州光明山盟乳业一年就销售200万袋回收奶。

光明的“问题奶”事件成为全国消费者和各大媒体关注的焦点，并激起了轩然大波，短短两天的时间，负面报道就排山倒海般充斥在全国各地的报纸和网络上，光明乳业的市场销售很快就受到该事件的影响。

光明乳业迅速反应，立即派管理高层到郑州进行自查，同时向消费者发布《诚告消费者书》，该书内容极力否认光明乳业有生产回收奶和将保质期内的滞销奶回收再生产的行为，并将记者曝光的现象解释为牛奶报废过程中的“极少量产品渗包造成污染”等各种看上去似乎是“不痛不痒的企业生产流程小过失”造成的结果。

6月8日，光明乳业董事长王佳芬接受《每日经济新闻》采访时称：“我们已从上海派人到郑州进行调查，这个事情不存在，光明不可能做这种事情。”光明乳业公关部人士称，光明乳业早就建立了一套危机处理系统，在河南电视台播出这个节目的当天晚上，危机小组就开始启动，并称《诚告消费者书》已经代表了光明乳业在对这一事件进行自查后的最终态度。

6月9日，郑州市相关职能部门成立调查小组，由食品安全委员会牵头，联合质监局、卫生局、工商局等部门组成，宣布将对此事展开全面调查。

6月10日，《都市快报》报道称杭州出现光明“早产奶”。

6月13日，《中国经营报》报道称上海出现光明“早产奶”。

6月15日，光明乳业（600597）在连续四个交易日下跌后拉出了一根大阴线，虽然盘中有过反弹，但是尾市的大量抛盘最终还是使光明乳业暴跌9.64%。五个交易日后，光明乳业的流通市值损失了2.04亿元。

6月20日，郑州市食品药品安全委员会就对郑州光明山盟有关“光明牛奶利用过期奶再生产”事件发布了书面调查报告。报告称，尚未发现光明山盟回收变质牛奶再利用生产，本次调查所涉及的该公司两种产品所有指标符合有关标准要求。但报告同时显示，郑州光明山盟乳业有限公司管理存在7项严重问题。调查发现，光明山盟乳业有限公司4月21到5月20日生产的库存滞销产品光明山盟纯牛奶共37.99吨，其中18吨因超过保质期或被污染而直接作报废处理，经检验合格在保质期内作为含乳饮料原料进行再利用的共计19.99吨。

同日，光明发布正式澄清公告，承认“郑州光明山盟乳业有限公司存在用库存产品在保质期内经检验合格再利用生产”的情况。

6月24日，光明乳业在其网站上挂出《光明乳业诚致广大消费者书》，首次就郑州事件向消费者道歉，承认“郑州光明山盟乳业有限公司用库存产品在保质期内经检验合格后再利用生产”的行为是“不能容许和不可原谅的”。

针对浙江和上海曝光的“早产奶”时间，光明表示其产品生产日期是按照全国食品工业标准化技术委员会和国家标准化管理委员会有关规定来执行的。而专家则认为，这只是光明为企业违规找的一个“挡箭牌”罢了。

这起危机事件给光明乳业造成了巨大打击，消费者对于光明的品牌信任恢复尚需时日，而光明乳业要从这场危机中复苏，仍有一段漫长的路要走。

（三）案例启示

从整个危机处理的过程中，我们不难发现光明乳业的失误主要体现在以下五点：

（1）光明乳业危机意识淡薄，没有建立一套危机预警和管理机制。作为一个大公司，理应有一套比较系统而且完善的危机预警和管理机制，而以危机管理小组为主导的所有员工都应该具有危机意识和娴熟的应对技巧。之前雀巢奶粉“碘超标”事件发生后，光明乳业应给予足够的重视，及时导入危机的预警和管理机制，在整个集团系统内部进行自查，看是否有管理漏洞和可能存在危机的隐患，防止危机事件在光明身上重演。

（2）应对危机缺乏系统的准备和可实施方案。光明没有把危机意识和危机管理结合进日常的经营管理中，在行动上对危机管理缺乏足够重视。尽管光明声称公司早就建立了一套危机处理系统，但在危机发生后，光明所作的反应明显没有取得很好的效果。一直到郑州市食品药品安全委员会出具了关于“光明牛奶利用过期奶再生产”事件的书面调查报告，光明才承认自己存在问题，并向消费者致歉。由此可见，光明乳业的危机处理系统显然不完备且缺乏实用性。

（3）危机爆发后，光明处理危机不及时、缺乏诚信。危机一旦发生，企业就应迅捷反应，立即启动危机处理计划，调动包括危机管理人员在内的所有员工，投入紧张的危机处理与善后工作中，尽可能在最短的时间内控制局势的发展。危机发生后，企业应及时向公众通报危机事件的真实情况，及时并真诚地向受害者致歉，必要时通过有影响力的媒体向公众致歉，以缓和企业与公众的矛盾，获取公众与舆论的广泛理解与同情，并在一定程度上变危机为企业重新获得公众信任、恢复和提升企业品牌知名度与美誉度的机遇。显然，光明此次完全没有把握好这一契机。

（4）危机爆发后，错误地选择了公司董事长作为发言人。当企业危机爆发后，企业应设立一个危机管理小组来全权负责危机的应对和处理。这个危机管理小组的成员应该由企业的副总挂帅，由公关、市场、技术、生产、财务和行政等相关部门直接负责人共同组成，必要时也可邀请一名危机管理专家作为顾问共同参与。在对外接受采访或者发言时，企业应该设立一位“新闻发言人”，而此人应由公关部经理或者有一定演说和应变能力的相关副总裁担任，一般不主张由代表最高领导人的CEO或者董事长直接兼任。这样安排是为了给企业留有回旋和调整观点的余地，除非到了危机来龙去脉已经非常清楚并得到妥善处理，或者危机非常糟糕的时候，否则企业最高领导人不适合出面。

（5）未能及时与政府及行业协会沟通。政府和行业协会在消费者心目中有一定的权威性，如果在危机处理过程中有政府和行业协会的参与，则有助于危机的解决。企业在危机处理过程中应及时与政府和行业协会沟通，请求政府和行业协会协助共同解决危机。

结合本章的观点，品牌危机预警管理始终强调系统性思维。企业如果缺乏危机防范意识，缺乏一套完善的品牌危机预警管理系统，缺乏系统的品牌预警管理思维，是无法在危机突然降临时很好地应对其带给品牌的巨大冲击的。

三、小天鹅的"末日管理"

（一）企业简介

无锡小天鹅股份有限公司始建于1958年。从1978年中国第一台全自动洗衣机的诞生到2010年品牌价值达150.16亿元，成为世界上极少数能同时制造全自动波轮、滚筒、搅拌式全种类洗衣机的全球第三大洗衣机制造商。

（二）别具一格的"末日管理"

曾被同行尊为"大哥大"的无锡小天鹅全自动洗衣机，其全国市场占有率最高时曾达到42.2%，它有过销量连续7年全国第一的辉煌成绩，并成为国内洗衣机行业首家跨进亿元利润的企业。小天鹅能有这样的骄人成绩，与企业自上而下推行的"末日管理"息息相关。

"末日管理"是指企业经营者和所有员工面对着市场和竞争，都要时刻充满危机感，都要理解企业有末日、产品有末日，既不能把宏观的不景气作为自己搞不好的理由，也不要陶醉在一度的"卓越"里。市场是有限的，又是无限的，一个时期小天鹅的一种产品的市场是有限的，但一个企业的市场又是可以无限开拓的。

小天鹅正是用这样辩证的"末日"理念形成了一种新的生产经营方式，形成良性循环，因此人们称之为面向市场的科学管理——末日管理。其运作方式是：以建立全球性"横向比较"的信息体系为手段，以全员化、立体化、规范化的营销管理体系为支柱，以强有力的人才开发机制为保证，从追求卓越到追求完美。为了彻底贯彻这套末日管理法，小天鹅做了以下三个方面的工作：

（1）转变观念，警惕自己打倒自己，这是小天鹅末日管理法的第一要素。面对小天鹅一年比一年骄人的成绩，企业的领导并没有自满，而是时刻充满危机意识。他们认为，众多企业在市场大潮中都有过辉煌，有的青春常在，但有的却昙花一现，其原因往往在于经营者是否有企业危机防范的意识。所以，不管企业取得多大成绩，一定要保持头脑清醒，要时时刻刻与国内、国外同行中的先进企业比较。"只要世界上有一个企业排在你的前面，你就是落后的，就必须毫不松懈地追赶对方。"这种危机感督促该公司班子全体成员在班子建设、人才培养、新产品开发等方面做了许多超前性的工作。同时为了强化这一末日意识，小天鹅实行员工轮流进入市场的制度，有60%的员工轮流进过国内市场，8%的员工进过国际市场。这样，员工们目睹了市场的激烈竞争，聆听了消费者的呼声，领略了中国产品的地位，更重要的是扭转了当时计划经济下，技术人员认为产品达标就是质量合格、生产工人认为检验过关就是工作完成、销售人员认为资金回笼就是形势大好的简单想法。

（2）瞄准世界，靠高质量和高水平取胜，这是小天鹅公司“末日管理”法的第二要素。产品好销的时候，切忌萝卜快了不洗泥，这是小天鹅人心中常念叨的警句。他们在强化质量管理方面实行动态预控：①质量上瞄准世界先进水平。1999 年国际先进的洗衣机无故障运转质量水平是 5 000 次，这是当时日本松下公司的内控标准。小天鹅把目标瞄向了世界水准，在取得洗衣机国家金奖和达到无故障运行 5 000 次的成绩后，他们仍不满意，还要从零开始，寻求技术上的更新突破。②厂内实行以质量为中心的效益工资，动真格，下狠心。他们特别强调外协件进厂必须有检测部门的合格证书，并实行奖励和黄、红牌警告处罚制度。不让一个坏件装上机，不让一台次品溜出厂，这是公司上下的坚定信念。③严格首件检验制度。当天进车间的第一批零件中的第一件，必须随机通过检验封样，只有确认合格后，该机零件才能使用。④严格流转卡制度。即在每条流水线上设立工序流转卡，每道工序完成后，由操作人员签名盖章。有了质量问题，三年之内都能查出责任人是谁。⑤严格开箱检查制度。由销售部代表用户，会同生产、技术、管理等有关部门的负责人，按一定比例，在已打包入库的成品机中随意抽检，产品只有百分之百合格才准许出厂。⑥推行 ISO9000 质量保证系列标准，提高质量控制水平，向国际通用标准靠拢。

（3）热诚服务，让消费者为产品质量打分，这是小天鹅公司“末日管理”法的第三要素。优质产品是打开市场的前提，而优质服务则是开拓和占领市场的保证。如果服务工作搞不好，所有的努力将前功尽弃，企业末日也为期不远。这就是小天鹅人的观念。为此，他们对服务工作倾注了大量心血。公司成立了技术服务部，配备了微机，建立了用户档案，使用户反映的问题件件有记录、有处理结果。他们坚持上门服务，约期不误，并为每个用户发放了金奖产品信誉卡，将责任人、联系电话、地点一律张榜公布，并通过新闻媒介大力宣传。他们还为广大用户办理了责任保险。为摸清 6 年来投放市场的小天鹅洗衣机使用情况，1999 年他们组织了“小天鹅质量与服务万里行”服务队，历时 50 天，在全国多个省市进行活动，搜集意见、建议数千条，接到近万名消费者的咨询，达到了很好的效果。

以上三点就是小天鹅推行“末日管理”法成功的关键要素。由于企业推行了这种令员工时刻警惕的“末日管理”法，该企业的各项工作一直保持了高质量运行，企业业绩在当时国内的同行业内遥遥领先。

（三）案例启示

小天鹅“末日管理”的成功带给我们的启示主要有以下两点：

（1）融危机防范意识于企业管理之中。企业的任何一项经营管理活动都是受企业经营理念指导的。理念就是效益，不断更新理念使之适应于当时的市场环境是经营决策获得成功的前提。企业就算建立了再科学、再全面的危机预警系统，若没有在意识层面提高自身的危机防范意识，那么一切危机防范措施都将只是空谈。小天鹅的“末日管理”让企业自上而下——从管理层到基层员工都深刻意识到危机防范的重要性，时刻警惕企业危机的到来。所谓“兵马未动，粮草先行”，这种危机防范意识就好比行军打仗的粮草，只有首先从思想层面深刻贯彻了企业危机防范意识，才能使企业在开展危机预防工作时取得先机。

（2）以危机促效益，利用危机警惕意识鞭策企业不断进取。小天鹅的“末日管理”最独特、最成功之处还是其利用危机防范意识不断监督、鞭策企业前进。危机管理并非只是企业在危机来临时力挽狂澜、挽救企业生命的应急措施，危机管理也可以被企业利用于提高企业的生产经营效益。正如小天鹅利用“末日管理”不断监督员工在企业业绩较好时也不自满、不懈怠，时刻让企业保持努力进取的姿态。

本章小结

全方位、全过程、常态化的品牌关系管理是企业预防品牌危机的基础性工作。本章提出建立具有危机意识的企业文化，帮助企业树立全员危机意识，预防危机发生；同时从建立品牌与消费者、政府、媒体以及其他利益相关者关系互动的角度出发，完善意识层面的品牌危机防范，避免危机的发生；接着从有效识别品牌危机、正确评估品牌危机以及快速处理品牌危机三个环节出发，建立系统的品牌危机预警体系；最后列举了国外企业和国内企业在品牌危机预警管理方面的代表性案例并加以评述。

第六章　品牌危机应对——保护品牌关系

一旦进入危机爆发期，品牌关系就会显著恶化甚至大规模断裂。危机爆发期的应急响应是品牌危机管理的核心内容，同时也是最具挑战性的危机处置环节，关系到受损的品牌关系能否得以恢复或者再续。不同类型的危机对品牌关系具有不同程度和特性的负面作用，因此必须有针对性地探讨其应对方式与策略。应对方式重在反映企业应对的方法，分成及时、一致和积极应对；应对策略则涵盖了企业应对的内容，如道歉、辩护及赔偿等具体危机应对策略。基于品牌关系视角，本章重点探讨品牌危机爆发过程中的危机应对，详述不同危机类型下的危机应对方式与危机应对策略。

第一节　危机类型与品牌关系演变

本书在第一章对品牌关系内涵进行了归纳梳理，我们认为 Fournier（2001）提出的品牌—社群四重关系网络模型比较合理，该模型将消费者与品牌关系分成四个层面的关联（bonds）来研究，包含消费者—产品、消费者—品牌、消费者—消费者以及消费者—公司的四重网络关系，消费者—品牌关系在其中居于核心地位。消费者的态度、情感以及消费行为的变化是考察危机爆发期品牌关系演变的基点。而品牌关系变化的程度与趋势也是企业经营者采取危机应对方式和策略的决策依据。鉴于不同类型的危机对品牌关系的负面作用不尽相同，我们需要考察多类型危机条件下的品牌关系演变模式。

品牌关系的变化有着多种表现形式，我们可以从程度和时间两个维度加以归纳，即关系密切程度的变化和关系维系时间的变化。

品牌关系的密切程度与消费者—品牌间交互的频度、强度以及交互的内容有关。品牌关系的初级阶段是消费者通过获取产品或服务的使用价值而建立起来的工具型关系，而进一步的情感型关系则随着使用价值的持续兑现、良性消费体验的积累而逐步建立。对产品的信任将渐次升华为对品牌、对企业的信任。尤其是在产品同质化严重的市场，较善于构建情感型关系的品牌经营者无疑将获得更大的竞争优势。危机带给品牌关系的负面冲击是必然存在的，但不同危机类型对品牌关系的影响程度并不相同，如1982年美国强生公司发生“泰诺”品牌胶囊止痛剂被人为投毒事件，尽管由于安全问题导致品牌的工具型关系断裂（公众不再购买该品牌止痛剂），但消费者对企业的情感型关系依然存在，公众纷纷对强生公司表示同情，使采用新设计包装的“泰诺”品牌药剂推出后迅速占领原有市场。而遭遇“常德事件”的三株药业则面临工具型关系与情感型关系的双重断裂，不得不黯然退出市场。

品牌关系的维系时间也是反映关系质量的重要维度。在危机条件下，品牌关系可能暂时断裂，亦可能呈永久断裂状态。品牌关系的暂时断裂仍可能通过采用合理恰当的应对方法和策略加以部分甚至全部挽回，而品牌关系的永久断裂则是企业应极力避免的。

本书在第二章将品牌危机的类型划分为核心要素品牌危机与非核心要素品牌危机、主动品牌危机与被动品牌危机以及行业性品牌危机与非行业性品牌危机，以下我们将从不同的品牌危机类型入手，分析品牌关系的变化内容与趋势（表6-1）：

表6-1　危机类型与品牌关系变化趋势

	主动品牌危机		被动品牌危机	
	关系变化趋势		关系变化趋势	
核心要素品牌危机	程度	维系时间	程度	维系时间
	工具型关系断裂	长期	工具型关系断裂	暂时
	情感型关系断裂	长期	情感型关系受损	暂时
非核心要素品牌危机	工具型关系保持/受损	不确定	工具型关系保持	暂时
	情感型关系受损/断裂	不确定	情感型关系保持	暂时

核心要素品牌危机与非核心要素品牌危机区别的关键在于危机是否涉及品牌的核心要素，其中，以产品为载体的使用价值最能直接体现品牌的核心要素。使用价值如果无法兑现或出现显著缺陷，消费者对于品牌的认知就会发生改变，从而转向替代品牌，中断与原有品牌的工具型关系。但情感型关系仍然有可能存续，消费者将根据信息的披露情况以及品牌经营者的应对方式等因素综合加以考虑，甚至在适当的时机重续工具型关系。非核心要素品牌危机的爆发通常是由一系列与品牌核心要素无关的事件形成的，往往会从情感上、心理上扭曲消费者的品牌态度，但是一般不会发生明显的品牌购买转换，也就是说与品牌的工具型关系并不会产生大的波动。品牌经营者需要注意的是及时修补情感型关系。

主动品牌危机由品牌经营者内因引起，常常由企业可控的系列因素所导致，因此，消费者往往倾向于认为危机的发生应该与品牌经营者未承担责任甚至丧失诚信有关，由此对危机品牌失去信任，与品牌的情感型关系纽带不复存在，而且这种品牌关系的断裂往往是长期的甚至永久性的，三鹿“三聚氰胺”奶粉事件就是典型例子。被动品牌危机多为企业不可控的外力因素所致，如竞争对手的蓄意诬陷、政府压制等不可抗力，消费者如能了解真相，较可能体谅品牌经营者，一般不会断然割裂工具型关系和情感型关系，即使断裂也是暂时的，消费者会在品牌采取行动使得外界影响消失后重新恢复之前的品牌关系。

第二节 品牌危机应对方式

一、危机应对方式概述

品牌危机应对方式主要讨论危机发生后企业用何种方式处理危机的问题。应对方式的选择代表了企业如何去呈现有关危机的信息。面对将要或者已经受损的品牌关系，危机应对方式一旦出现失误，将给品牌关系带来毁灭性的打击，因而研究不同危机类型下的危机应对方式具有深刻的现实意义。危机应对方式主要可以分为三类：及时应对、一致应对和积极应对。

（一）及时应对

品牌负面信息往往由第三方首先发布，经由媒体、网络等迅速放大。众多品牌危机管理实践表明，存在一个危机处置的48小时黄金时间段，在这个时间段内，消费者虽然会产生吃惊、质疑甚至愤怒等负面情绪，但品牌关系尚不致急剧恶化。及时地应对能够填补危机发生后消费者与企业间的信息空白，做到第一时间安抚消费者（Augustine，1995），减轻消费者心中的疑惑。Sillince（2002）指出，外部环境不确定性越强，事件流传性越广，企业的及时应对就显得越重要。Strong、Ringer和Taylor（2001）研究发现，企业处理危机事件时，要令不同利益相关者满意，及时沟通是其中一个非常重要的因素。在同样的视角下，Moorman、Deshpande和Zaltman（1993）认为，及时沟通将会培养消费者的信任感，企业需要协助解决争端，使消费者的感知与期望相匹配。2009年初，王老吉遭遇“中药添加门”危机，有消费者声称自己的胃溃疡是饮用王老吉所致，并发起诉讼。危机后第二天，广东食品协会就紧急召开记者招待会，称王老吉凉茶中含有的夏枯草配方是合法的，不存在添加物违规问题。事发后仅4天，卫生部也发布声明确认王老吉凉茶在2005年已备案，并认可夏枯草的安全性。王老吉顺利解决此次危机事件自然与其出色的政府公关能力相关，更不能忽视的是王老吉的迅速行动和及时应对。它选取广东食品行业协会作为代言人向消费者给出了合理的解释，第一时间弥补了信息空白，向广大消费者清楚地解释了他们最关心的问题，纠正了之前通过各种渠道传播产生的品牌负面信息，将品牌关系的恶化趋势及时遏制住，而后续卫生部的权威声明更进一步降低了消费者的感知风险，为品牌关系的全面恢复创造了条件。

（二）一致应对

一致应对要求信息传播应保持前后一致，不出现矛盾。企业披露信息是否一致已经成为一个商业道德问题。危机爆发后，消费者对企业态度的关注有时更甚于产品本身可能存在的问题。Ulmer和Sellnow（2000）指出，保证危机沟通应对符合商业伦理，要求企业用公平合理的方式对待，强调对问题的解释应该全面，除了给出足够的证据，还要包括危机发生的时间、地点，对具体内容等的合理解释。倘若企业在应对过程中出现不一致的情况，作为争辩者，站在对立方的消费者信任感会明显降低，随着时间的推移争执逐渐减少，到最后甚至认为争执已经没有必要（Sillince，2002），双方关系将难以修复。2010年美的就是因为赔偿方案朝令夕改而深陷“紫砂门”危机。2010年5月23日，中央电视台曝光了市场上包括美的在内的多个家电知名品牌生产的“天然紫砂煲”产品根本不天然，其内胆泥料都是由普通黄土添加一些化学原料制成。美的在24日为不实宣传公开道歉并承诺在全国设退货点接受退货，但仅仅几天之后，却突然“改口”并调整退货方案：顾客必须持有正规发票或电脑小票且购买期限在一年内方可在所购买的门店或售后点办理退货。“改口门”犯了危机公关的大忌，对美的来说无异于雪上加霜，令其陷于不仁不义之境地。从品牌关系的角度审视，企业这样的行为极大地挫伤了消费者的信任感，企业也难以在短期内与这些感觉被“欺骗”的消费者修复关系。

（三）积极应对

积极应对顾名思义就是要求企业每位成员在整个危机过程中都要保持良好态度，积极作出回应。消极和被动只会给消费者留下雇员冷漠、危机失控和企业隐藏真实信息的印象，在工具型品牌关系已经受损或断裂的情况下，进一步伤害情感型品牌关系。研究显示，在危机中保持主动是建立积极沟通关系的促进性因素。相反地，消极或被动应对将破坏组织在公众中的信誉，并最终损害组织与公众的关系。2007年，森马休闲服品牌推出以“至少我好看”为主题的系列创意广告。其中一句“我管不了全球变暖，但至少我好看”的广告词因为对环保的漠视而遭到网民炮轰。风波发生之后，森马方面积极承认错误，并通过媒体真诚地进行了公开道歉，表示此系列广告意在体现当今时尚青年积极向上的生活态度，所以加上了各种形式的修辞，集团对工作上的疏忽表示歉意和遗憾。森马集团主动解释了企业的初衷，积极承认错误，使得风波在短期内得以化解。此次事件告诉我们社会责任对于企业来说是把“双刃剑”，应慎用此类素材进行广告创意宣传，更说明了企业积极应对是危机应对的良好方式。

综上所述，及时、一致与积极的应对方式都是危机后企业应该遵从的危机应对法则。尽管三者在危机应对中都是必要的，但是不同的危机类型将导致不同的品牌关系变化趋势，危机应对方式也须具有针对性。下文从品牌关系的视角出发，研究不同类型的危机应侧重何种危机应对方式。

二、不同类型的品牌危机应对方式

品牌危机发生后，品牌关系出现严重扭曲，甚至断裂。在这一阶段，危机应对尤为关键，所谓“一着不慎，满盘皆输”，企业必须谨慎应对，保护品牌关系。品牌危机由于类型不同，各自选取的应对方式也有所差别。

（一）核心要素品牌危机与非核心要素品牌危机的应对方式

对于核心要素品牌危机与非核心要素品牌危机，其应对方式的根本区别在于前者必须突出事后解决问题的积极性，而后者则讲求信息传播的一致性。核心要素的品牌危机是由品牌关系的重度断裂所引起的，对消费者感知的影响也最为直接，相比非核心要素的品牌危机，消费者对品牌产生了更多的不信任感，此时企业必须积极地作出实质性的承诺，否则难以使消费者重新与品牌建立关系。

非核心要素品牌危机是由品牌关系的轻度断裂所引起的，重点在于消费者对品牌形象感知出现差异，这种差异可能是品牌延伸失败或是企业家形象受损等原因造成的。尽管此类危机发生后消费者品牌关系并未重度断裂，引发的不信任感也没有核心要素的品牌危机强，但是此时消费者对品牌的可信度同样存在疑问，这就要求企业在处理这种非核心要素品牌危机时要保持信息传播的高度一致性，增强消费者关于“品牌是值得信赖的”这一信念的认可。

（二）主动品牌危机与被动品牌危机的应对方式

主动品牌危机与被动品牌危机应对方式的根本差异在于应对态度的不同。前者侧重于积极应对，而后者则侧重于及时应对。主动品牌危机是由真实的品牌关系断裂所引起的，伴随着品牌关系的真实断裂，消费者对品牌的信任也会断裂，此时企业最紧迫的任务是重建消费者的信任，这就要求企业以消费者为中心，主动作出实质性的积极应对，让消费者看到企业的诚意并使他们感到满意，最终目标是消费者信任的重建。事实上，满意是产生信任的前提，消费者满意表示了对某一产品或服务的肯定评价，但这一评价尚停留在感性的评价层面，而信任则表示消费者对于品牌和企业已经达到的某一种总体感觉，上升到更为理性的高度。美国贝恩咨询公司曾经做过调查，尽管消费者声称对产品或者企业感到十分满意，但仍有65% ~85%的顾客会选择购买其他产品。主动品牌危机责任在企业自身，以积极姿态应对本就是企业之义务，此举虽能让部分消费者感到满意，但并不能成为重建信任、激发重购意愿的理由，在危机应对过程中，企业唯有始终坚持这样的姿态才有可能重获消费者的“芳心”。因此，主动的品牌危机应对方式应侧重于积极应对。

被动品牌危机的发生原因主要来自企业外部，造成品牌关系的虚假断裂，这种虚假断裂的时间不会维持很长，但值得注意的是长时间的虚假品牌关系断裂可能会形成真实的品牌关系断裂，消费者对品牌形成新的刻板印象，并且难以改变。因此，被动品牌危机的成因以及时间因素的影响要求企业的应对必须快速及时，尽快消除危机负面影响，修复品牌关系的虚假断裂，降低其向品牌关系真实断裂转化的可能性。总而言之，被动的品牌危机应对方式应侧重于及时应对。

（三）行业性品牌危机与非行业性品牌危机的应对方式

行业性品牌危机与非行业性品牌危机的应对差异体现在应对主体上。行业性品牌危机需要行业性的应对，即整个行业为了度过危机进行统一应对。非行业性品牌危机则主要是单个品牌的自身应对，尽管应对过程可以选择发动行业的力量进行辩护、澄清等，但一般来说不是整个行业的统一应对。

就应对方式而言，行业性品牌危机侧重点应在于整个行业信息传播的一致性。如果不能保证信息传播的一致性，每个企业都各执一词，消费者自然会对其中的权威性产生质疑，这将加剧行业性的品牌危机。反之，如果行业中的个体始终能保持信息传播的高度一致，同时塑造行业“权威可信”的形象，消费者对于行业的信任度就有可能上升，也更容易相信行业给出的解释，从而缓解行业性品牌危机。非行业性品牌危机的情况更为复杂，前文的核心要素品牌危机与非核心要素品牌危机以及下文所述的主动品牌危机与被动品牌危机均是研究非行业品牌危机的应对方式，这里不赘述。

表 6-2 不同品牌危机类型所侧重的危机应对方式

品牌危机类型	侧重的危机应对方式
核心要素品牌危机	积极应对
非核心要素品牌危机	一致应对
主动品牌危机	积极应对
被动品牌危机	及时应对
行业性品牌危机	一致应对
非行业性品牌危机	—

第三节 危机应对策略

危机应对策略和危机应对方式是不同的概念，危机应对方式是指组织所选择的传递和表达信息的方式，回答企业面临危机之时该“怎么说”的问题，而危机应对策略强调了企业进行危机回应的内容，偏重于回答企业“说什么”的问题。本节在对已有应对策略概述的基础上，在品牌关系视角下根据不同的品牌危机类型提出具体的危机应对策略。

一、危机应对策略概述

根据危机主体的不同，目前学术界对危机应对策略的研究主要分为公共危机应对、产品伤害危机应对、企业危机应对以及品牌危机应对等。不同危机主体的应对策略存在差异，但是不论主体如何变化，危机应对策略都存在相同的地方。因此，我们对已有危机应对策略进行了如下分类整理。

（一）危机应对策略分类

Coombs（1995）认为危机应对策略的目标是在危机当中保护或修复组织形象。危机应对策略的实施让公众对危机事件形成不同认知的同时，也反映了组织对危机事件所应负的责任（Allen & Caillouet，1994）。危机应对是组织同外界响应与沟通的方式，采取何种策略成为危机管理者非常重要的并具有象征意义的符号资源。Coombs（1995）将这个符号资源称为“危机应对策略”或“危机沟通策略”，Benoit（1997）则称之为“形象修复策略”，它一方面强调了危机应对的抽象意义，具有象征性，能够让企业在消费者面前展示企业态度和责任；另一方面，危机应对又具有实际意义，是一种机遇，可以为企业所利用，企业有许多种策略去比较和选取。本书为了研究的便利和统一，将企业为了在危机中或者危机后保护或修复品牌形象的策略性选择统称为危机应对策略。

多位学者对危机应对策略的分类进行了全面的研究，这里的危机应对不仅仅包括品牌危机的应对，也包括公共危机、产品伤害危机等。Allen 、Caillouet（1994）、Benoit（1995）和 Coombs（1995）的研究显示，危机应对策略可以分为五种：否认（认为没有发生危机或者否认针对企业发生危机的指责）、保持距离（接受危机，但试图减少组织与危机之间的联系）、逢迎讨好（组织寻求赢得公众支持）、感到耻辱（组织试图获取原谅）和忍受（把自身描述成危机的受害者）。Mc Lauglin、Cody 和 O'Hair（1983）以“平息—恶化”标准进行分类，平息策略指企业给予受害者关心并承认过失，而恶化策略主要是为了保护企业形象并否认企业存在过失。Mc Donald（2010）等三位学者将危机沟通形式按等级划分为五种，分别是不发表评论、否认、寻找借口、辩护和承认。方正、江明华（2010）等借鉴 Coombs 对策略的分类，在做到基本完整涵盖企业行为的同时，把沟通战略精简为三类：和解策略（侧重提供纠正、道歉信息）、缄默策略和辩解策略（侧重提供否认、辩护的信息）。

对于危机应对策略的分类，不同学者看法各异，但各自的分类研究均显示危机应对策略是一个由抗拒到和解的过程。通过以上对危机应对策略分类研究文献的梳理，结合近几年来国内外发生的品牌危机后企业危机应对策略（如表 6－3 所示），我们认为道歉、赔偿、辩护（否认或者澄清）以及中立（无回应）可以囊括主要的应对策略，而大量实证研究表明中立（无回应）相对于有回应而言所得到的效果更差，因此，研究无回应的策略不具有实际意义。本书选取道歉、赔偿、辩护作为品牌危机主要应对策略进行研究，具有代表性、全面性以及实际操作性。

表6-3 现实中品牌危机应对策略

年份（年）	危机名称	事件描述	应对策略
2005	肯德基苏丹红致癌危机	禁售、销毁原料并致歉	道歉
2005	雀巢碘含量超标	雀巢公司就该事件向消费者公开致歉，雀巢公司已采取整改措施，所有生产符合国家碘含量标准	道歉
2006	宝洁SK-Ⅱ含重金属危机	辩护	辩护
2007	诺顿误杀中国电脑用户系统软件危机	赛门铁克发表声明称“深表歉意”。40天后公司承诺，受影响的诺顿个人用户将可享受额外12个月的许可证延长，并免费获赠诺顿储存还原大师2.0软件	道歉/赔偿
2009	强生“含毒门”事件	辩护：全国各大媒体发出产品澄清说明的传真，防止媒体继续跟踪报道；向各大卖场发去质检部门的无毒证明	辩护
2010	肯德基“秒杀门”	6月1日，公司高层首次就“秒杀”事件公开向消费者致歉	道歉
2010	惠普电脑“蟑螂门”危机事件	为问题笔记本电脑提供延长保修等服务。惠普表示考虑对曾支付过主板的邮寄和维修费用的用户提供补贴	赔偿
2010	丰田汽车“召回门”	总裁来华道歉，对自行将汽车送往4S店进行召回的消费者，丰田方面应提供交通补贴、误工补贴以及一定的经济赔偿（浙江省）。推出现金优惠、大礼包赠送、交强险和车险赠送、免费保养等一系列措施	道歉/赔偿

（二）危机应对策略选择

最优危机应对策略的研究是学术界的热点研究问题，也对企业的危机管理具有深刻的理论指导意义。国内外学者从各个角度入手，寻求危机后最优应对策略。最优应对策略的代表性研究主要有窗格理论、情境危机反应策略和形象修复理论。

1. 窗格理论

著名的危机管理专家 Mitroff 根据乔·亨利“窗格理论”提出了自己的危机反应（告知真相）策略。“窗格理论”根据自己与他人对信息的了解情况将所有领域划分为四个区域：公共领域（自己和他人均了解信息）、隐私领域（自己了解而他人不了解信息）、神秘领域（自己和他人均不了解信息）以及未知领域（他人了解而自己不了解信息）。

		他人	
		已知	未知
自己	已知	1. 公共领域	2. 隐私领域
	未知	4. 未知领域	3. 神秘领域

图 6－1 乔·亨利“窗格理论”

资料来源：［美］伊思·I·米特诺夫等. 危机防范与对策［M］. 燕清联合传媒管理咨询中心译. 北京：电子工业出版社，2004.

根据“窗格理论”，Mitroff 提出了不同领域的最优危机应对策略，如图 6－2 所示。

		他人	
		已知	未知
自己	揭露/告知	1. 被迫告知真相	2. 先发制人
	掩盖/隐瞒	4. 阻碍信息传递	3. 隐瞒信息

图 6－2 Mitroff 窗格沟通理论

资料来源：［美］伊思·I·米特诺夫等. 危机防范与对策［M］. 燕清联合传媒管理咨询中心译. 北京：电子工业出版社，2004.

“知己知彼，百战不殆”，这一理论有利于企业根据自身的潜力和已经掌握的信息，根据利益相关者对信息的掌握情况和需求，采取不同的告知真相策略，即危机沟通策略。

2. 情景危机反应策略

Coombs 将“情景—策略”概念通过实验法进行效果评估，提供了一个危机情景分析系统，发现符合危机情景的策略会得到比较正面的知觉效果。图 6 – 3 说明了危机情景与应对策略的组合表现（Coombs，2006）。

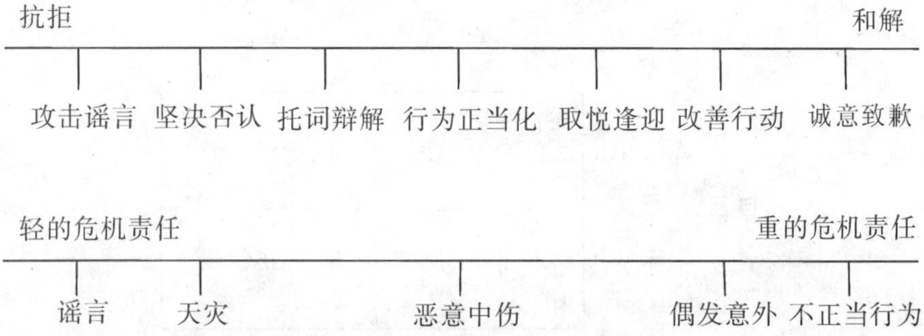

图 6 – 3　危机情景与应对策略的组合

资料来源：Coombs，W. T.. The Protective Powers of Crisis Response Strategies：Manging Reputational Assets During a Crisis [J]. *Journal of Promotion Management*，2006（12）：241 – 260.

Coombs 认为采用不同策略的关键原因在于危机责任不同，特定的危机情景只支持使用某些危机应对策略。危机责任是企业利益相关者认定企业应对危机的负责程度。“情景危机反应”理论强调在决定危机应对做法之前，必须先辨明所处的危机情况，根据组织在危机事件中涉入的程度，了解组织需承担的责任与影响范畴，借以评估对声誉的损害，选择应对策略，表 6 – 4 罗列了从危机情景出发的危机应对策略。

表 6 – 4　从危机情景出发的危机应对策略

应对策略	实施方式	适用条件
诚意致歉	公开表示组织将承担危机责任，呼吁利益相关者的宽容、理解和支持；可能会给予一些补偿（金钱或者援助）	组织的错误行为导致危机时适用

（续上表）

应对策略	实施方式	适用条件
改善行动	宣布应对危机的举措，努力修补危机伤害，告知利益相关者防止危机重演的具体措施	组织的错误行为或偶发意外导致危机时适用
取悦逢迎	尝试顺应、迎合利益相关者的心理、态度和行为，并尽量满足他们的需求	利益相关者的需求正当、合理，唯迎合方能应对时适用
行为正当化	传播真实信息，证明自身行为的正当性，摆脱恶意的破坏和纠缠；危机管理者尽量最小化与危机有关的感知破坏，包括宣称没有严重伤害和受伤，或者宣称受害者应该自己承担	危机责任较小且主要由外部诱因引发时适用
托词辩解	寻找可资辩解的理由，提供证据表明自己不必承担责任或应承担较小责任，包括反对任何组织故意伤害或者是组织没有控制而导致危机的论调	危机责任较小却遭受牵连时适用
坚决否认	利用各种必要手段，及时告知利益相关者危机并不存在，或者与己无关	证实危机并不存在或与己无关时适用
攻击谣言	危机管理者与那些宣称存在危机的个人或者团体对抗；采取公告、论辩、戳穿或法律诉讼等手段，攻破危机谣言	出现可指认并可驳斥的造谣者时适用

3. 形象修复策略

台湾学者朱延智从班尼特（William Benoit）的形象修复理论出发，认为形象修复策略同样可以作为危机沟通策略，参见图6－4。

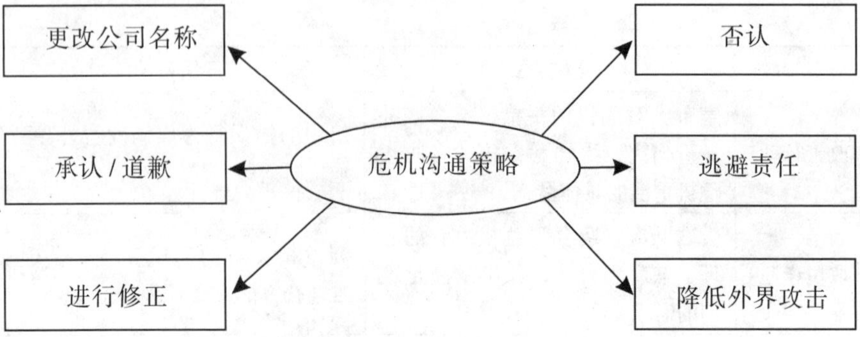

图 6-4 企业形象修复策略

资料来源：朱延智. 企业危机管理［M］. 北京：中国纺织出版社，2003.

（1）否认。主要是表示事件对社会造成的危害并非公司所为，如果确实是公司所为，公司应当勇于担责，不宜采用否认策略。

（2）逃避责任。损害的确是公司所为，但是企图逃避这种责任，又细化为四种具体的策略：被激惹下的行为、不可能的任务、事出意外、纯属善意。

（3）降低外界攻击。公司确实因错而致危机，可以采取六种策略降低外界对自己的口诛笔伐，减少负面舆论，赢得正面形象。这六种策略为支援与强化、趋小化、差异化、超越、攻击原告、补偿。

（4）进行修正。让利益相关者看到企业具体的改进和防范危机再次发生的举措，稳定利益相关者情绪，重建信任。比如肯德基在“禽流感”危机中，表明自己的鸡源不会染上禽流感，并且推出猪排汉堡、鱼肉汉堡等替代品，赢得了消费者的认可。

（5）承认 / 道歉。公司主动认错并承担责任有可能面临诉讼，但是从长远和战略考虑，这是值得的，有利于企业持续健康发展。具体道歉的内容应涵盖五点：表明歉意、说明现状、查明原因、防止再次发生、承担责任，比如丰田“霸道广告”事件的道歉就十分中肯、真诚，有利于危机的化解。

（6）更改公司的名字。意在放弃公司过往历史污点，洗心革面，重新做人。其实很多企业和企业的产品都会通过推出新品、重新命名等类似措施“摇身一变”，给利益相关者一个崭新的面孔。

除了上述应对策略选择的研究以外，其他学者也进行了相关的实证研究。Siomkos 和 Kurzbard（1994）通过实证研究发现主动召回、积极承担责任能有效挽回消费者的购买意愿。王晓玉、吴纪元和晁钢令（2006）通过实验证实企业应对、专家应对、企业和专家双重应对受消费者考虑集呈正面影响。方正（2007）证实外界应对策略中最优的是专家应对或政府应对，企业应对策略中最优的是积极澄清，总体来讲，外界应对优于企业应对。

由上文可知，学术界并没有给出一个何种危机应对策略是最优的结论，不同的学者对最优的危机应对策略有着不同的看法。这种不同一是源于对危机应对策略分类的不同，二是由于危机情景是非常复杂的状态，不同的危机情景应有不同的最优危机应对策略。本书从品牌关系的视角出发，研究不同的危机类型下最优危机应对策略。

二、不同类型的品牌危机应对策略

由于危机情境的复杂性，目前并没有放之四海而皆准的应急响应策略。在介绍品牌关系视角下的危机应对策略时，我们需要将危机情境简单化，也就是将危机情境分类，同样按照核心要素品牌危机与非核心要素品牌危机、主动品牌危机与被动的品牌危机以及行业性品牌危机与非行业性品牌危机的标准对最优危机应对策略进行探讨。

（一）核心要素品牌危机与非核心要素品牌危机的应对策略

如前文所述，核心要素品牌危机造成的品牌危机损害程度要远远大于非核心要素品牌危机，并且核心要素品牌危机是由于品牌关系的重度断裂所引起的，同时我们认为就品牌关系的修复而言，核心要素品牌危机应侧重于采取积极的危机应对方式。

核心要素品牌危机应对选择辩护策略是不可取的，积极的道歉或者赔偿策略是相对辩护策略更优的策略选择。当品牌关系重度断裂时，消费者已经对品牌失去信任，辩护策略的使用更使得品牌在消费者心中加上了“强词夺理、不负责任”的负面形象，让危机态势更加严重。2006 年中央电视台曝光欧典地板并非如广告词中宣传的“1903 年创建于德国”，其实是一家地道的北京公司，这家成立仅数年的公司凭借着精美的包装和虚假的宣传摇身一变成为“欧陆百年经典”。由于欧典地板宣称的“洋血统”与“悠久的历史”等都是其品牌联想的核心内容，此次危机直接涉及了其品牌核心资产，是一次核心要素的品牌危机。在这样的状况下，欧典地板只是简单向消费者道歉但是拒绝承认其弄虚作假，对自身行为进行“宣传失误”的辩护。辩护策略的使用使得欧典地板的信任度一降再降，难以再续当年辉煌。欧典地板的实例说明了涉及核心要素的品牌危机应当采取积极的道歉或者赔偿策略来修复完全断裂的品牌关系，一味辩护或者澄清反而会适得其反。

非核心要素的品牌危机使消费者所感知的品牌形象出现差异，危机的形成会影响消费者对品牌认知的改变。因此，无论应对方式还是应对策略，重点都在于消除这种不一致，使得消费者重新对品牌形成一致的形象感知，而要达到这样的效果，单靠道歉和赔偿是不行的。道歉和赔偿只能给消费者形成一种“企业错了所以要道歉和赔偿”的反面感知，这对于品牌关系轻度断裂的非核心要素品牌危机并不适用，相反，辩护策略是一种相对道歉和赔偿更优的策略。部分断裂的品牌关系意味着消费者对品牌并未完全失去信任，只是这个信任的基础很薄弱。此时，消费者愿意听品牌解释，消除他们心中对品牌形象的不一致感知。

综上所述，核心要素品牌危机的最优应对策略是积极的道歉或赔偿策略，而非核心要素品牌危机的最优应对策略是一致性要求下的辩护策略。

（二）主动品牌危机与被动品牌危机的应对策略

主动品牌危机是品牌关系的真实断裂，而被动品牌危机是品牌关系的虚假断裂。主动品牌危机是由于品牌自身原因引起的，消费者心中也形成了一种企业应该承担主要责任的归因，因此，主动品牌危机的应对策略不能选择辩护策略，积极的赔偿与道歉是主动品牌危机的最优应对策略。

被动的品牌危机并不是由品牌自身所引起的，例如，很多时候由产品缺陷或伤害引起的品牌危机经过调查并未违反相关产品法规或安全标准，经过解释后消费者能形成危机不应由企业承担责任的归因。这种类型的品牌危机可被看作是可辩解型危机，企业应该选择辩护策略作为其最优策略。在竞争激烈的信息时代，被动品牌危机事件屡见不鲜，农夫山泉在2009年末就经历了一次被动的品牌危机。11月24日，海口市工商局向消费者发布了农夫山泉和统一企业三种饮料总砷含量超标的消息，时隔一周，海口工商局又援引中国检验检疫科学研究院综合检测中心检验结果，改口称农夫山泉、统一三种饮料检测结果全部合格，海口市工商局副局长王建禄也表示认可复检结果。2010年1月7日，海南工商局在发给农夫山泉的情况通报函件中表示：“根据21天的深入调查，确认检测机构初检结果有误，错误缘于仪器老化、方法不标准，海口市工商局在工作过程中存在程序不当问题。”经过官方证实，此次危机是一桩冤案。本案例中，农夫山泉果断出击，在短时间内，请权威部门出具相关证明，证实产品不存在任何有害物质，通过采用澄清/辩解策略成功应对了此次危机。

综上所述，主动品牌危机的应对策略可选择赔偿、道歉策略，而被动品牌危机则应选择辩护策略。

（三）行业性品牌危机与非行业性品牌危机的应对策略

行业性品牌危机需要行业性的应对，此类危机由消费者与行业关系断裂所引起，因而全行业必须“同仇敌忾”，统一阵线进行危机应对。非行业性品牌危机包含甚广，危机情境复杂，一般体现为单个企业的应对，并包含前文所述的核心要素、非核心要素以及主动、被动等各类型品牌危机，应对策略的选择也应该以危机的类型而定，在此不重复讨论。

保证行业的权威性是选择行业性品牌危机应对策略的关键，而实际上对于不同性质的行业危机所选取的最优危机应对策略是不同的。譬如说深陷三聚氰胺阴影的奶粉行业是一种产品伤害危机，遭受地沟油困扰的饮食行业则是受到小部分低劣同行的不道德行为而引发的一种连带危机，而由金融危机引起的汽车行业危机则是一种经济危机下消费结构调整的牺牲品。这些行业性危机最后都导致了行业内多个品牌的危机，但它们的性质千差万别，所以应该选取的危机应对策略也是不同的。奶粉行业应该选择道歉、赔偿等策略，而饮食行业则应选择辩护/澄清策略，至于汽车行业这种由于消费结构或者政府管制而产生的危机则只能依靠自身技术的进步来回应危机了。总的来说，行业性品牌危机的应对策略选择关键在于保证权威，“做错事要认错”、“受诬陷要澄清”。

在上述对最优策略的选择过程中，赔偿和道歉策略是同时被当成最优策略进行选择的，但是并非二者在实际操作过程中对品牌关系的修复没有显著差异，相关实证研究显示，企业危机后应对的努力程度越高，消费者越容易“原谅”犯错品牌。显然，赔偿策略的企业应对努力程度是高于道歉策略的，就消费者品牌关系的修复而言是最优的。但是，对于有些危机严重程度并不是很大的危机应对，采取道歉策略也能达到同样的效果，却可以节省企业大量成本，对企业效益而言是最优的。

第四节 案例分析：圣元奶粉“早熟门”危机

一、危机跟踪

1. 危机爆发的导火索——性早熟

2010 年 7 月 5 日，居住在湖北省武汉市的小菲（化名）的母亲邓女士带孩子到武汉市儿童医院就诊，医生的诊断结果是：“检查双乳大，外阴充血着色，建议停食一切奶粉。”停用奶粉后，小菲在 7 月 7 日、10 日两次复诊，症状有所消退。7 月 11 日，邓女士接受湖北当地一家电视台采访，曝光了小菲所食用的圣元奶粉。

节目播出后，同样购买圣元优博奶粉的小彤、小霞（均为化名）两家人也带孩子到医院检查，在得到了“双乳增大”的同样诊断结论后，三位家长视线都集中在婴儿的主要食物源——圣元奶粉上，加入了“声讨”圣元奶粉的队伍。三名女婴的家人四处奔走，先后到武汉市工商、质检等部门投诉，却遭遇“检测无门”、质量监督检测机构不受理个人申请、医院称没检测能力、工商局抽检称“无此项目”等一系列障碍，均没有得到直接回应。

2010 年 7 月 26 日，《长江商报》以单位名义向湖北省和武汉市的卫生、药监、质检、工商、疾控中心等系统发去了紧急公函，即《关于三例疑似“圣元”奶粉引起食源性异常健康病例的紧急公函》，希望行政主管单位对此事予以重视。当天，湖北省省委书记罗清泉、省长李鸿忠迅速作出批示，要求抓紧开展对圣元奶粉核查工作。

2010 年 8 月 5 日，《健康时报》发表了题为“武汉三女婴食用某品牌奶粉后出现性早熟　乳房开始发育”的报道，披露了该案例。该案例一经报道，立刻受到全国范围内的极大关注，圣元奶粉被推到了“早熟门”危机的风口浪尖。同日，湖北省食品安全委员会办公室就雌激素检测工作进行分工，将样品送往卫生部安排检测。

据 8 月 5 日《健康时报》的报道，期间，该品牌奶粉的营养部门负责人来到了武汉，先后去了小菲家和小霞家。在小霞家，该负责人否认奶粉存在问题，说现在好多食品中都含有激素，小霞可能是吃其他食物导致乳房发育，而小霞的奶奶证实小霞基本只吃奶粉。小霞的母亲则表示，7 月 15 日左右，有奶粉商家来看望孩子并提出 20 万元的经济赔偿。

2. 深陷危机——“激素门”、“奶源门”

2010 年 8 月 6 日，凤凰网连线圣元奶粉公司公关负责人张迎玖，该负责人回应坚称产品绝对没问题，也绝不可能致女婴性早熟。对此，凤凰网发表题为“女婴疑因食用奶粉出现性早熟　圣元回应称产品绝对没问题”的报道，将武汉三例疑似圣元奶粉引起食源性异常健康病例公之于众，并将此事件做成相关专题，引发公众及媒体广泛关注。

2010 年 8 月 7 日，圣元营养食品有限公司在官网上发布一则致媒体的公开信，坚称奶粉合格，称“某些媒体断章取义、有意歪曲事实”，并宣称会采用法律手段。

各大媒体纷纷追踪报道武汉三女婴疑因食用奶粉出现性早熟的事件，全国多地纷纷发现同类病例，圣元奶粉陷入“激素门”。报道称，“该消息已引起消费者的极大关注和恐慌，除了网上大量的咨询帖，部分选用圣元奶粉的家长已经把孩子送往医院检查”。

2010 年 8 月 9 日，圣元营养食品有限公司在其官方网站上发布了一则消息，标题为“圣元欲状告凤凰卫视和凤凰网”，消息中称，目前圣元公司已经委托著名国际和国内律师事务所起诉凤凰卫视，指控香港凤凰卫视断章取义。同时，圣元公司公关经理张迎玖主动致电《东方早报》，称“如果要对奶粉做检查、做检测，那是质检部门的工作，奶粉中有哪些成分国家都是有规定的，我们只是按国家的要求在做”。

“奶粉疑致婴儿性早熟”再次引发人们对食品安全的高度关注，各地医院里带孩子问诊性早熟的家长增多。与此同时，据多家媒体报道，全国多地的圣元品牌奶粉都销售如常，未有任何下架通知，暂不会接受退货。

在与消费者沟通方面，据《东方早报》报道，有网友在新浪博客发文表示联系圣元有点难。《东方早报》记者连续拨打了圣元公司的两个客户服务电话，均未能拨通或提示留言。报道还称，目前，为了互通信息，圣元奶粉的消费者们建立了一个“圣元消费者 QQ 群”，聚集在这个 QQ 群里的年轻父母们均对奶粉的质量感到忧虑。

2010 年 8 月 9 日，受配方奶粉被指导致婴幼儿性早熟的负面消息影响，圣元营养食品有限公司在美国纳斯达克市场的股票圣元国际（SYUT）暴跌近三成。截至收盘，下跌 26.94%，最终收于 12.72 美元。

2010 年 8 月 10 日，卫生部召开新闻发布会对圣元奶粉事件作出公开回应，新闻发言人邓海华表示，已责成湖北省食品安全监管领导小组办公室进行调查处理，并责令其组织相关职能部门，抽取该品牌的样品进行实验室检测，并组织医学临床专家对涉及的女婴进行临床会诊。邓海华同时表示，性早熟致病原因复杂，无论是单纯性的乳房早发育还是真的性早熟，都还不能断定患者与特定的食物或者环境之间有何种关系。

2010 年 8 月 10 日，圣元再陷“奶源门”。《广州日报》称，圣元优博奶粉的官网刊登的内容中宣传“精选来自欧盟纯净牧场的优质奶源”，在美国纳斯达克上市的圣元年报中却明确显示使用的是进口自新西兰恒天然集团的奶粉。同日，孕婴童商务网消息指，细心网友发现，圣元奶粉通过腾讯新闻网站发布的文件中，让内部员工以行业专家的名义发布观点，以证明圣元奶粉的安全性。

2010 年 8 月 11 日，湖北省卫生厅组织了武汉当地多所医院的权威儿科医生，对《健康时报》最早曝光的武汉三名服用圣元奶粉后疑似性早熟的女婴进行会诊。会诊结果称武汉三名女婴是单纯性的乳房发育，不一定是性早熟。早熟女婴家长对会诊结果表示质疑和难以接受。

同日，凤凰网报道，圣元奶粉的供应商新西兰国际乳业巨头恒天然集团在其官方网站上发表声明，称“恒天然集团（Fonterra）为圣元国际的奶粉供应商，圣元国际从新西兰当地购买部分牛奶并从欧洲进口乳清粉。恒天然集团对自己的产品质量保持百分百自信”。关于奶源地为何年报与官网自相矛盾的说法，圣元公司公关负责人张迎玖只是强调，圣元牌产品使用的全脂粉目前全部来源新西兰，以前曾使用过欧盟的奶源。

2010 年 8 月 13 日，圣元公司在其官方网站上发布题为“圣元关于乳品原料的说明”，澄清社会上对于圣元奶粉的奶源地问题的质疑。对于为何年报与官网自相矛盾，圣元公司表示，圣元公司使用新西兰进口奶粉大约始自一年半以前。此前，圣元使用欧盟的进口奶粉，这些信息均在产品包装上有明显的标注。

3. 卫生部正名——性早熟与奶粉无关

2010 年 8 月 15 日，中国卫生部通报“圣元乳粉疑致儿童性早熟”调查结果，检测单位采用国际通行的方法，对乳粉中雌激素和孕激素含量进行了平行检测。圣元乳粉样品来自湖北省患儿家中剩余乳粉，以及武汉和北京市场销售的圣元优博、优聪样品，共计 42 份。同时抽取了国内外其他 14 家企业的 20 个品牌产品，共 31 份样品。结果表明，42 份圣元乳粉中未检出己烯雌酚和醋酸甲孕酮等禁用的外源性性激素，内源性雌激素的检测结果“符合国内外文献报道的含量范围”。

同日，圣元公司董事长张亮在其官方网站上发布《圣元公司董事长致全国广大消费者的公开信》，信中写道：“面对眼前这么多消费者受到惊扰的事实，我能做的，只能表达我深挚的歉意，我惭愧!”文中还对“圣元为什么自己不将产品送到权威机构乃至国外独立检测机构去检测”的质疑，提出两点原因：一是所送样品的真实身份无法证实，二是与检测机构存在付费的利益关系。该公开信标明撰写时间为 8 月 12 日。而在卫生部公布检测结果后，圣元公司又在其网站刊文《安全的产品、放心的产品——圣元公司回应政府调查结论公告》，声称“圣元公司的产品是安全的产品、合格的产品”，并在公告中感谢政府向全社会澄清了这个基本事实。文中称“奶粉与‘性早熟’疑问的探讨，今天可以画上句号了”。

2010 年 8 月 16 日，圣元公司在其官方网站上发文《圣元公司捐助 1 000 万元设立婴幼儿“性早熟”专项基金》，称将与国内外有关科研机构及专家学者合作探讨“性早熟”成因，普及科学喂养知识，为中国广大婴幼儿的健康成长、减少“性早熟”病患，提供一份专业支持。

二、应对方式分析

圣元奶粉的品牌危机事件包括了“早熟门”与“奶源门”两大危机，显然，“早熟门”与“奶源门”均涉及了核心要素，是一种核心要素的品牌危机。前面的论述已经表明，对于核心要素的品牌危机，积极应对是品牌危机应对方式的侧重点，但圣元奶粉的应对非但没有侧重积极应对，反而采取了消极应对的方式，同时在及时应对这点上也犯下了致命的错误。

1. 拖沓应对，错失良机

2008 年三聚氰胺事件曝光，是中国乳业有史以来爆发的最严重的危机，让整个行业遭受灭顶之灾。我国乳业经历了国人“恐奶”、乳业老大蒙牛和伊利一度濒临资金链断裂、三鹿集团宣布破产倒闭等危机，曾经笼罩在人们心头的三聚氰胺阴影仍在，中国消费者对食品行业尤其是乳制品行业的风吹草动早已绷紧了神经。圣元奶粉此次“早熟门”事件却偏偏发生在这样一个敏感的时间段，消费者对于国产奶粉的信任尚未完全重新建立，类似事件的发生往往使他们恐惧感和威胁感加剧。企业本应该在第一时间向消费者作出及时、可信的解释，解答疑虑，消除困惑。反观圣元危机发生后的反应，一味否认产品的质量问题，不但与相关媒体大打口水战，而且完全把消费者置于事件之外，更令人不可理解的是，第一个将奶粉送去相关单位检疫的竟然还是以单位名义出现的《长江商报》。拖沓的应对让圣元身陷窘境，如果企业选择在第一时间以积极的态度，清晰认识到作为有可能的责任主体，及时配合检验检疫部门检测并出示科学证据，危机也不至于持续近 50 天之久。从全国各地圣元奶粉的销售情况来看，虽然得到卫生部的正名，但错失应对危机的良机，却让圣元奶粉的销售陷入谷底。

2. 消极应对，众口铄金

及时应对衡量的是企业对危机的反应能力，积极应对则考验了组织成员面对危机的主动性，即通过主动与消费者保持沟通和维护组织与公众的关系的能力。若反其道而行之，消极对待，则众口铄金，媒体的负面报道和消费者的负面口碑将令企业陷入困境。圣元的消极应对体现在两方面：首先，客服电话始终处于无人接听状态，本来公众与企业间就存在着信息不对称，在特殊时期这种不对称变得更强，公众获取信息的渠道原本就相当有限，此时的沟通真空，完全将消费者置于“信息的孤岛”；其次，消费者出于维权的考虑建立了 QQ 群以交流对产品及孩子健康的担忧，又反衬出圣元方面危机应对的消极，把大量精力花在同媒体争论，不主动回应消费者的咨询，处在被动地位的消费者束手无策，只能通过网络联合商讨解决的方法。

一致应对要求企业的信息发布保持前后一致，尽管圣元在整个事件中没有出现欺骗消费者的情况，然而“奶源门”的出现还是暴露了企业在信息发布方面存在着纰漏，并且时隔三天才在官网上就奶源地问题作出说明。一系列糟糕的应对反应在公司股价上，超过 1/3 的市值损失也许时间能够弥补，然而消费者丧失的信任可能将永远无法挽回。

三、应对策略分析

危机发生后，圣元公司主要采用辩护的应对方式，如攻击谣言、坚决否认、托词辩解、行为正当化等。企业也采取了道歉策略博取消费者同情，如取悦逢迎。

1. 攻击谣言

在8月6日凤凰网报道了武汉三例疑似因食用圣元奶粉引起性早熟的病例后，圣元营养食品有限公司第二天便在官网上发布一则致媒体的公开信，坚称奶粉合格，称“某些媒体断章取义、有意歪曲事实”，并宣称会采用法律手段。紧跟着在8月9日，圣元营养食品有限公司又在其官方网站上发布了一则消息，标题为“圣元欲状告凤凰卫视和凤凰网”，其中称“目前，圣元公司已经委托著名国际和国内律师事务所起诉凤凰卫视，指控香港凤凰卫视断章取义，编造奶粉导致性早熟的谎言，扰乱社会视听，蒙骗不明真相的消费者，抹黑中国著名品牌公司，严重干扰企业正常经营，是这次激素风波的始作俑者”。

2. 坚决否认

面对“激素门”危机时，圣元公司自始至终采取坚决否认的策略，坚称圣元奶粉绝不含激素，最早在8月6日，圣元公关负责人张迎玖接受采访，第一次回应媒体的质疑时就坚称圣元奶粉绝不可能致女婴性早熟，并在后续的官网刊文和接受众媒体采访公开表态的过程中始终坚决否认圣元奶粉含激素导致婴儿性早熟。

3. 托词辩解

在8月10日，圣元再陷“奶源门”，涉嫌修改奶源地信息。据《广州日报》报道，圣元优博奶粉的官网刊登的内容宣传“精选来自欧盟纯净牧场的优质奶源”。不过，在美国纳斯达克上市的圣元年报中却明确显示使用的是进口自新西兰恒天然集团的奶粉。面对奶源地质疑，公司进行了辩护解释：8月11日，圣元公司公关负责人张迎玖回应声称奶粉进口原料来自新西兰并非源自欧盟；8月13日，圣元官网再发文，称圣元公司使用新西兰进口奶粉大约始自一年半以前，此前曾使用欧盟的进口奶粉，并表示“这些信息均在产品包装上有明显的标注”。

4. 行为正当化

面对圣元不主动将产品送到权威机构乃至国外独立检测机构去检测的质疑，圣元公司董事长张亮8月15日在其官方网站上发布《圣元公司董事长致全国广大消费者的公开信》，提出两点原因：一是所送样品的真实身份无法证实，二是与检测机构存在付费的利益关系。因此，圣元将自己的数据向社会公示只能受到信用的质疑，而不能证明任何其他。

5. 取悦逢迎

在8月15日，卫生部公布检测结果，指出圣元在科学的角度上已和“早熟门”撇清了关系后，圣元公司马上表示捐助1 000万元，设立婴幼儿“性早熟”专项基金，与国内外有关科研机构及专家学者合作探讨“性早熟”成因，普及科学喂养知识。圣元公司希望通过这样一个表态，尝试顺应和迎合消费者的心态，获得媒体正面的报道，挽回受损的公司形象。

圣元奶粉此次危机属于核心要素的品牌危机，此时消费者对圣元奶粉的信任已基本丧失，关系几乎完全断裂，所以一味地辩解并不能取得很好的效果，反而使得消费者与品牌的关系更加紧张。

危机过后，从圣元危机应对的效果来看，全国各地圣元奶粉的销售情况并不理想，消费者对奶粉企业普遍不信任，对于圣元奶粉的安全质量问题仍然存在一些疑虑。可以看出圣元公司此次应对并不算成功。拖沓消极的应对方式不仅造成股价大跌，也尽失民心。应对策略方面，先是没有经过权威部门检测，就一味地否认；接着就是指责媒体“断章取义”报道不实；然后，又邀请了所谓的“专家”发表意见。当产品面临质疑时，企业第一时间想到的，不是通过科学手段来证实自身的清白（假设企业确实是清白的），不是主动出来接受国家权威机构的检测，而是试图通过打击媒体力量、推卸检测的责任、制造虚假的网络舆论攻势、向公众灌输观点等手段来应对危机。

如果对自己的产品有足够的信心，就应当主动、积极地送交有关部门检验，早日弄清事实；如果确属奶粉质量问题，那也应该勇敢承认，并负起应有的责任。

本章小结

不同类型的品牌危机对品牌关系具有不同程度和特性的负面作用，因此必须有针对性地探讨其应对方式与策略。危机的应对方式是指及时、一致和有效的应对，品牌危机的应对都应遵从这三个基本原则，但是不同的品牌危机应对方式的侧重点有差别。核心要素品牌危机与主动品牌危机侧重积极应对，被动品牌危机侧重及时应对，非核心要素品牌危机与行业品牌危机侧重一致应对。品牌危机的应对策略主要有辩解/澄清、赔偿和道歉等，不同品牌危机的应对策略选择有差异。核心要素品牌危机与主动品牌危机应选取赔偿、道歉等策略，被动品牌危机与非核心要素品牌危机一般选取辩护策略，行业品牌危机则视情况而定，重点在于保持行业的权威性。

第七章　品牌危机恢复——修复品牌关系

危机应对阶段的结束并不意味着品牌关系的彻底修复。进入品牌危机的恢复期，品牌经营者将面临重塑品牌形象、重构优质品牌关系的重任。优秀企业不仅善于修补一度受损或恶化的品牌关系，更应在由“危”转“机”的过程中，进一步强化、优化品牌关系，让品牌更具生命力，力求创造更多价值。本章基于品牌关系视角，探讨如何根据品牌危机的不同类型有针对性地采取品牌关系修复策略。

第一节　品牌危机恢复的必要性

正如第三章所述，品牌危机的发生对企业而言是危险，但同时也蕴涵着机会。企业如果不能积极妥善地处理好危机，就会严重影响其生存和发展，甚至直接消亡。比如，三鹿公司因其奶粉事件处理不当最终被兼并，三鹿品牌也从此在市场上消失。但是，如果企业能够顺利度过危机，转危为安，则往往会给企业带来意想不到的正面效应。比如，2004 年，金龙鱼大豆色拉油被认定为“问题油”。通过企业出色的危机公关，金龙鱼不仅没有受到太大的负面影响，反而进一步巩固了其在食用油行业内的龙头地位。

由此可知，并不是所有的企业都能够进入品牌危机恢复期。只有应对成功了，品牌危机才有可能从爆发期慢慢进入恢复期。危机爆发后，品牌关系受创在所难免，但是如果企业能够做好危机恢复工作，就能重建消费者对品牌的信任，甚至从中获益。越来越多的企业已经意识到危机恢复的重要性和必要性。

从本书对品牌危机概念的界定可知，品牌危机恢复的本质是品牌关系的修复。品牌危机的爆发导致消费者与事发品牌之间关系的扭曲甚至断裂，使品牌资产严重受损。修复品牌关系是企业危机恢复阶段的重要任务。修复品牌关系具有可行性，经过重构，新的品牌关系甚至能超越危机前的品牌关系，为品牌经营者带来巨大的经济价值。

一、品牌关系修复的理论依据

品牌关系的发展是一个从建立、断裂到再续的动态过程。Aaker、Fournier 和 Brasel（2001）提出，了品牌关系再续的概念。Gadde 和 Mattsson（1987）的研究指出，在个人的关系和知识中会存留过去的印记，即使关系完全停止，其他形式的交互作用还是会持续，如信息的交换和社会或商业交流等。另外，Havila 和 Wilkinson（1997）的研究也表明即使双方不再进行交易，仍然存在着某种关系能量能够为相同的“休眠”关系提供复苏的机会。以上理论都说明品牌关系存在修复的可能性。

本书第三章通过实证研究也已经论述，品牌危机通常会经历潜伏期、爆发期和恢复期三个阶段。在恢复期阶段，如果事发品牌能够积极采取适当的修复策略，那么品牌关系质量就会回升，消费者与事发品牌之间的良性互动关系能逐渐修复。

二、品牌关系修复的经济价值

修复品牌关系对企业具有重要的实际意义，能给企业带来丰厚的经济利益。Hunt（2002）认为重新获得消费者的信任是企业全面管理消费者行为的核心能力。Desatnick（1988）和 Tokman（2007）分别从成本和利润的角度指出大多数关系是值得修复的，维系并修复有价值的品牌关系是非常重要的。Stauss 和 Friege（1999）通过研究发现，在一些利润空间较大的行业，对一个新顾客进行投资的回报率是23%，而对一个已经流失的顾客进行投资的回报率可高达214%。重获顾客能够带来如此高的回报，主要是因为相对于赢得新顾客，唤回已经流失的顾客有如下优势：①不需要付出太高的成本；②有助于企业改进原有不足，提升自我；③有助于企业学习并增强抵御风险的能力；④减少流失客户可能造成的负面传播，增加正面传播。

另外，Marketing Metrics 公司的研究发现，成功销售给那些已经流失的顾客的可能性为20%～40%，而成功销售给那些潜在的新顾客的可能性只有5%～20%。重获顾客比吸引新顾客成功率更高的一个重要原因在于：企业对已经流失的顾客的信息较为熟悉，而对潜在的新顾客的信息并不熟悉。根据已经流失的顾客的历史消费记录，企业能比较清楚地知道这些顾客的个性和偏好等相关信息，能帮助企业制定更有针对性的措施来寻找、接触和重新唤回他们，而对于潜在的新顾客却很难做到。

第二节 品牌危机恢复过程

在品牌关系视角下，品牌危机的恢复主要遵循以下流程：首先要对品牌关系进行评估，确定哪些品牌关系的修复是有价值的，并且在企业的能力范围之内；然后根据品牌危机的特点制定有针对性的品牌关系修复策略；最后执行品牌关系的修复策略，重塑品牌形象，挽回已经流失的消费者。

一、品牌关系修复价值的评估

对企业而言，并不是所有扭曲或者断裂的品牌关系都有修复的意义，也不是所有的品牌关系企业都有能力进行修复。因此，在对品牌关系进行修复时，首先要评估哪些品牌关系是值得修复且企业能够修复的。品牌关系的修复如果不能给企业带来足够的回报，那么企业就应该主动放弃修复的努力。此外，还应该注意企业是否有能力成功修复品牌关系等问题。

品牌关系的修复价值可以从以下三个方面进行评估：

（1）消费者意愿。消费者是否愿意继续与品牌维持关系，是评估关系能否修复的重要指标。如果消费者坚决拒绝重新购买企业产品，那么修复工作就很难进行。

（2）企业成本付出及利益获得。品牌关系修复需要在企业财务部门设置专门的机构，根据可操作的指标来衡量现在利益、未来利益、付出成本和机会成本，如果能够给企业带来稳定、持续的赢利能力，那么品牌关系就值得修复。

（3）顾客资产。企业还可以通过评价品牌关系中的顾客资产来判断哪些品牌关系是值得修复的。顾客不只是企业的利润来源，也是企业赢得竞争优势的重要资产。因此，在评估已经扭曲或者断裂的品牌关系时，还应将顾客资产作为重要的评估依据。与资产价值高的顾客维持品牌关系才更有意义。

二、品牌关系修复策略的制定

对受损的品牌关系是否值得修复进行评估后，接下来企业就要制定各种策略来修复那些值得以及有能力修复的品牌关系，挽回流失的消费者。目前，品牌关系修复策略的研究还很不完善，聚焦于服务领域的服务补救策略以及初始品牌关系的建立策略可以为我们提供借鉴。

（一）服务补救策略研究

服务失败在企业当中是客观存在的，由其引发的顾客不满、顾客抱怨会严重阻碍企业的发展。为了及时消除服务失败带来的不利影响，服务补救策略的制定与实施至关重要。在服务行业中，消费者会根据他们对价格和服务的价值感知来决定是否重返原有品牌。关于服务补救策略的研究很多，概括起来主要可以分为心理层面和实质层面两大类。但是只有“道歉”与“补偿”这两种处理方式得到大部分研究的认同，其他内容学术界还没有达成共识。服务补救策略的研究状况如下表所示。

服务补救的代表人物及策略

代表人物	策略
Bell & Zemke（1987）	道歉、真诚理解、紧急修复、象征性赔偿、跟进
Bitner 等（1990）	确认、解释、道歉、赔偿
Bell & Ridge（1992）	道歉、公平解决、真诚对待、弥补、承诺
Boshoff & Leong（1998）	道歉、归因、授权
Boshoff（1999，2005）	沟通、解释、补偿、授权、回复、有形情境

资料来源：丛庆，王玉梅．服务补救研究综述［J］．成都大学学报，2007（2）：6～9.

（二）初始品牌关系的建立策略研究

品牌关系生命周期中的建立与修复阶段有其共同之处，但也有所区别（Stauss & Friege，1999）。共同之处在于：品牌关系的初始建立与修复具有相同的品牌关系主体，都是指消费者、品牌和企业。不同之处在于：消费者不会在感知不到任何利益的情况下返回原有品牌，他们会考虑返回后的价值维度（Tokman，2007）。

品牌关系的建立与修复存在如下关系：品牌关系的修复就是品牌关系的重新建立，其实质仍然是消费者与品牌关系的建立和顾客的重获。品牌关系修复以初始品牌关系为基础，顾客是否重新选择原来的品牌会受到先前情感因素等的影响。

由此可知，初始品牌关系的建立能够为品牌关系修复提供一些参考。在初始品牌关系的建立中，关系营销占据着重要地位。Berry（1995）把关系营销策略分为三个层面：第一个层面是依靠价格激励等维护消费者忠诚；第二个层面是关注关系的社会层面，当在与消费者的正常交往或者交易过程中提及对方的名字时，这种关系尤为明显；第三个层面是解决顾客的重要问题，为目标顾客提供在其他地方无法获得的昂贵的附加利益，进一步巩固和加深关系。

（三）品牌关系修复策略

关系的成功建立在很大程度上依赖于有效的策略（Dwyer，1987）。国内学者黄静（2009）采用实证研究的方法，证实了消费者对犯错品牌采取的道歉、有形回报和优待三种策略持赞许态度。修复品牌关系时，企业要注意为消费者提供比原来更大的价值，而且在提供经济价值回报的同时还要考虑提供必要的社会价值回报（Gassenheimer，1998）。借鉴服务补救策略和初始品牌关系建立策略的研究，我们将品牌关系修复策略归纳为信息性和实质性两类。信息性策略主要有道歉、声明和专家认证等，实质性策略主要有补偿和促销等。

1. 信息性策略

信息性策略也即非实质性策略，主要是向消费者以及其他社会公众传递某种信息，以此改变他们对危机事件的看法和对品牌的态度。信息性策略侧重于从态度方面对品牌关系进行修复，根本目的在于改变消费者对品牌的负面认知，降低消费者对品牌的否定态度。

（1）道歉策略：树立企业负责任的形象。

道歉是被大多数学者认可的一种行之有效的补救措施。当犯错品牌意识到危机的发生是自身原因导致时，道歉作为企业勇于承担责任的正面表现，能够更有效地重新建立合作关系（Bottom，2002）。道歉作为一种心理性的投入方式，更能激发出消费者的情感反应。道歉意味着品牌承认了错误，会降低品牌信任度，但是却表明了企业避免在将来发生类似破坏行为的决心，树立了企业勇于承担责任的形象，这会提升消费者对品牌的信任感。

（2）声明策略：表明企业对事件及公众的重视。

声明作为一种相对比较正式的修复策略，可以反映出企业对危机事件的重视。危机发生后，企业可以通过各种渠道对外界发表声明，对危机事件作出详细说明，表明自己的立场和态度，更多地在于给消费者一个交代。消费者通过声明可以了解到企业处理整个事件的努力程度以及诚意。如果消费者感到企业表现积极，就会降低对企业的负面评价，增强好感，更愿意与原有品牌保持良好关系。

（3）专家认证策略：帮助企业澄清事实。

专家认证即第三方权威机构监测，是基于消费者及社会公众对权威机构的信任提出的品牌关系修复策略。特别是当品牌危机是外界诬陷等因素所致时，权威机构的重要作用就凸显出来。专家认证可以帮助企业有力地澄清危机事件的事实，证实企业在整个事件中的受害者角色，还企业一个清白。危机事件的澄清将赢得消费者对受害品牌的同情和信任，并增加企业声明的说服力和可信度，从而达到挽回流失消费者的目的。

(4) 公关策略：为企业创造良好的舆论氛围。

公关是连接企业与社会公众的桥梁。企业可以通过公关向社会公众传达对企业有利的信息，增加社会公众对企业的了解，提高品牌的美誉度。危机发生后，企业可以通过政府公关、媒体公关等为企业创造一个良好的舆论氛围。政府的支持以及媒体的正面报道等都对公众产生巨大影响，能够弱化品牌在消费者心中的负面印象，提高公众对品牌的支持和认可，从而修复品牌关系。

(5) 形象广告策略：推广良好形象。

形象广告主要用于推广形象，增进社会各界对企业品牌的了解和支持。企业可以通过形象广告向公众展示企业实力、社会责任感和使命感，并通过与消费者和广告受众的深层交流，增强企业的知名度和美誉度。企业还可以利用形象广告重塑品牌在消费者心中的物质和非物质联想。危机过后，一个优秀的形象广告不仅会对消费者的品牌认知产生积极的影响，也会对他们的情感产生积极的影响。

2. 实质性策略

信息性策略改变消费者的态度，实质性策略则更多地改变消费者的行为。实质性策略的目的在于激发消费者产生再购买的冲动，强调从行为方面对品牌关系进行修复。

(1) 补偿策略：充分展现企业诚意。

对于品牌危机中的相关受害者，企业应该按照危机处理时的承诺给予相应的物质补偿和精神补偿。由于补偿更多地涉及了金钱问题，表明企业愿意付出更大的努力来重新赢得消费者的信任。鉴于企业的诚意，消费者更愿意重新购买和使用原有品牌产品。但是，如果企业不能兑现或者不能足额兑现承诺，就有可能导致二次信任危机。消费者会对企业的言行不一感到失望，进而淡化对品牌和企业的感情。因此，企业必须认真履行危机中的承诺。

(2) 促销策略：增加消费者购买机会。

促销可以让更多潜在的或者已经流失的消费者有机会购买并使用该品牌商品。如果消费者使用后感觉效果不错，就会重新建立起对该品牌的信任，甚至在有意无意中帮助企业宣传推广该品牌商品，重获消费者良好的口碑。促销方式主要有优惠券促销、免费样品促销、有奖促销、包装促销等。

(3) 品牌形象更新策略：推出新形象。

企业可以根据危机对品牌的影响程度确定是否要对品牌形象进行更新。在危机事件中，如果品牌形象没有受到太大的影响，则不需要对品牌形象进行更新，更多的是强化原有品牌形象，逐渐形成品牌优势；如果品牌形象受损比较严重，企业就要考虑推出新的品牌形象，如品牌名称更新、品牌标志更新、品牌包装更新以及产品更新等。新形象的推出及宣传带给消费者焕然一新的感觉，促使消费者尝试购买新产品，体验新产品的不同，从而削弱消费者对品牌的不良印象。

(4) 公益活动策略：展现企业良好的社会责任感。

危机恢复阶段，企业应该积极参与社会公益活动，展现企业的社会责任感，树立良好的社会形象。企业的社会责任感体现在企业社会活动的许多方面。一般地，企业可以通过慈善捐赠活动来显示企业对社会公益事业的关注与热情，使人们感受到企业在为自身创造利润价值的同时，也在努力造福企业外需要帮助的人们。当消费者强烈感知到企业的社会责任感时，就会给予企业良好的评价，并愿意购买该企业产品。

信息性策略和实质性策略具有本质区别，前者倾向于改变消费者态度，后者倾向于改变消费者行为，态度改变通常会导致行为的改变，而行为的改变不一定是态度的改变所致。两者在修复品牌关系时均发挥着重要作用，它们之间应该是相辅相成的。企业要注意综合运用这两种策略，使品牌关系的修复效果最大化。

三、品牌关系修复策略的执行

制定好品牌关系的修复策略后，企业就应该重点关注修复策略的具体执行过程。修复策略如果不能很好地得到执行，一切努力就有可能白费，甚至加深品牌危机。所以，企业要密切关注整个修复过程中策略的执行状况及发展动态。

要使修复策略得到很好的贯彻，企业就应该建立一个完备的策略执行机构，明确策略的具体执行时间以及执行方法等。一个良好的策略还需要整个企业上下团结一致，认真地去执行。另外，企业还应该设置一个品牌关系修复管理机构，其主管一般应由公司首席执行总裁兼任，绝大多数人员则由公司部门主管以上人员组成。这样，能够确保企业在面临危机时做到快速反应，从而保证修复策略的执行力。

第三节　不同类型的品牌危机恢复

本书从不同角度将品牌危机进行分类，本章将根据不同分类详细阐述各种类型的品牌危机恢复究竟该采取信息性策略还是实质性策略。

一、核心要素品牌危机与非核心要素品牌危机恢复

核心要素品牌危机与非核心要素品牌危机在恢复策略的选择上存在区别。前

者侧重于信息性策略，后者侧重于实质性策略。

当企业发生核心要素品牌危机时，由于危机涉及品牌的核心要素，危机严重程度大，对品牌的破坏性也大，从而导致品牌关系严重断裂。消费者对品牌的认知、情感和态度等发生巨大转变，不再信任品牌。态度的改变通常会导致行为的改变。消费者对品牌的不信任以及否定态度等都会严重影响消费者行为，使消费者终止品牌关系，不再购买该品牌产品。企业如果想要重新修复品牌关系，就必须采取相应的策略，从根本上改变负面信息对消费者态度等产生的不良影响，彻底消除消费者对品牌的负面印象，重新建立消费者对品牌的信任。信息性策略的根本目的是通过传播对企业有利的信息来改变消费者态度。因此，对于核心要素品牌危机，企业应该更多地采取信息性策略来对危机进行恢复。

2005 年 3 月 15 日，中国肯德基生产的新奥尔良鸡翅和新奥尔良鸡腿堡被检测出含有“苏丹红一号”。“苏丹红一号”事件爆发后，消费者开始怀疑其食品品质监测的严谨性。大部分消费者不再购买上述两种产品甚至其相关产品，品牌关系发生扭曲甚至断裂，进而引发了核心要素品牌危机。面对危机，肯德基负责人在事件发生后便快速主动地向消费者公开道歉，并连续向媒体发表声明，介绍“涉红”产品的检查及处理情况。另外，肯德基还主动配合中央电视台《新闻调查》和《每周质量报告》等栏目的访问。产品重新投放市场后，肯德基召开新闻发布会证明食品的安全性，并对产品进行大规模的促销活动，同时加大了广告宣传力度。凭借成熟的危机管理体制，肯德基顺利化解了危机，成功恢复了被停产品的销售，很好地修复了受损的品牌关系。从案例中可以看出，当发生核心要素品牌危机时，肯德基通过各种形式的信息性策略证明了其食品的安全性，再次赢得了消费者的信任，重新获得了消费者对品牌的肯定态度。

非核心要素品牌危机的发生只会导致品牌关系的部分断裂，不会对品牌造成太大的影响，消费者也不会因此完全否定品牌，他们对品牌原有的良好形象不会受到严重冲击。危机发生后，消费者对品牌已有的积极态度和长期建立的情感以及信任不会发生根本的转变。如果企业能够采取适当的恢复策略，就能激起消费者原本对品牌保留的大部分好感，从而修复品牌关系。因此，对于非核心要素品牌危机，企业应该侧重于实质性策略的实施，如通过促销，增加消费者购买产品的机会，让消费者感受到品牌产品质量始终如一，从而重新赢得消费者信赖。

二、主动品牌危机与被动品牌危机恢复

主动品牌危机与被动品牌危机恢复的区别在于，前者强调信息性策略与实质性策略的综合运用，两种策略具有同等的重要性，而后者主要倾向于信息性策略的实施。

主动品牌危机是品牌自身出现了问题导致的品牌关系真实断裂。主动品牌危机相比被动品牌危机会对品牌产生更大的影响，对品牌形成的一系列破坏也更加严重。对于主动品牌危机，消费者认为危机是由企业过失导致的，企业应该对危机负责。危机发生后，品牌在消费者心中的良好形象被彻底颠覆，消费者对品牌不再偏爱，终止了与该品牌的任何交易。主动品牌危机对品牌产生了致命的威胁。企业需要同时采取信息性策略与实质性策略来修复严重受损的品牌关系。通过信息性策略向消费者传达企业已经成功解决导致危机发生的问题，并保证以后不再发生类似情况，强化消费者对品牌的认知，削弱消费者对品牌的感知风险，提高品牌的可信度和美誉度。同时，企业还要注重实质性策略的实施。消费者态度虽然已经发生转变，但是这种转变很可能不足以激起消费者的购买行为，因为主动性品牌危机给消费者带来的伤害实在太大，无法让他们在短时间内完全重新接受品牌。而实质性策略能够激发消费者的购买欲望，所以该策略的实施能够为危机恢复增加可能性，更容易挽回已经流失的消费者。主动性品牌危机的严重性决定了其在进行危机恢复时必须同时考虑信息性策略和实质性策略。

当发生被动性品牌危机时，消费者相信危机发生的原因不在于企业，更愿意把危机责任归于企业外部，对品牌怀有同情，也更容易原谅品牌，甚至帮助品牌共同度过危机。因此，企业在恢复被动性品牌危机时，重点在于证明危机发生的原因来源于外部，让消费者相信企业其实是危机的受害者。这时，信息性策略的实施尤为重要。企业可以通过信息性策略如第三方权威机构监测等向消费者证实媒体报道的虚假性与不正确性，还企业一个清白。消费者基于对权威的信赖会相信企业是无辜的，从而愿意与品牌继续保持关系。

2005 年 4 月 13 日，美国弗吉尼亚工学院的 Peter A Vikesland 教授发表文章《太爱干净可能对你的健康和环境有害》，指出许多抗菌香皂中包含的三氯生会和自来水发生反应，产生的三氯甲烷可能致癌。当年 4 月 15 日，英国《旗帜晚报》就发表了《牙膏癌症警告》，称包括高露洁等品牌在内的数十种超市商品均含有三氯生。随后，国内各大媒体转载了这篇报道，高露洁在中国迅速受到消费者质疑。后来，Peter A Vikesland 教授公开表示，英国《旗帜晚报》的报道是不科学的。高露洁公司在中央电视台等各媒体陆续推出关于牙膏百分百安全的广告。权威机构的证实以及强大的广告宣传力度帮助高露洁安全度过了危机，消费者开始重新购买高露洁牙膏。高露洁致癌危机是一次被动品牌危机。信息性策略的实施，充分证实了高露洁致癌危机是由外界媒体的不实报道导致的，并非高露洁公司本身及产品质量出现问题，消除了消费者心中的疑虑。

三、行业性品牌危机与非行业性品牌危机恢复

行业性品牌危机与非行业性品牌危机恢复策略的选择比较复杂，要根据引发行业性品牌危机与非行业性品牌危机的具体原因进行具体分析。不管是行业性品牌危机还是非行业性品牌危机，都有可能是核心要素引起的，也有可能是非核心要素引起的，可能是企业内部可控因素引起的，也有可能是外部不可控因素引起的。

如果行业性品牌危机是由品牌的核心要素受到影响导致的，那么危机恢复就应该侧重于采取信息性策略。如果是由非核心要素引起的，就应该侧重于采取实质性策略。同样地，对于不同归因的行业性品牌危机也应该采取不同策略。如果归因于内部可控因素，就应该综合运用两种策略。如果归因于外部不可控因素，就应该倾向于选择信息性策略。

非行业性品牌危机的恢复同样要根据危机是否涉及核心要素或者归因的不同采取相应的策略。策略的选择分析与行业性品牌危机恢复类似，此处不再赘述。

第四节　案例分析

一、芝华士“年份门”事件

（一）“年份门”事件追踪

作为欧盟最大的酒类生产商，保乐力加集团旗下的芝华士品牌正以每年 70 万箱的销量占据中国市场。虽然洋酒进口到中国要受关税的限制，但是芝华士最大的市场还是在中国。

2006 年 1 月 20 日，《国际金融报》刊登了一篇题为“芝华士 12 年：‘勾兑’了多少谎言”的报道，称芝华士的真实成本也就是 25 元，芝华士瓶里装的实际上只有一小部分 12 年酒，其余都是用 2 年、4 年等不同年份的酒勾兑出来的，内地根本没有真正意义上的 12 年酒”。该报道立即引起了公众的广泛关注，并很快通过网络、报纸、电视、电台等媒体迅速传播，一时间，芝华士 12 年的年份真伪和成本问题成为舆论的焦点。一直在中国新富心目中代表着阶层身份的芝华士 12 年面临着前所未有的质疑，芝华士“年份门”事件由此爆发。

针对这一报道，芝华士生产商保乐力加在当晚 22 时迅速作出回应，委托其公关公司在新浪财经发布新闻公告，对芝华士 12 年的生产年份控制和成本构成

作了郑重声明；同时指出《国际金融报》报道失实，要求其就此事作出正式的书面道歉并纠正其错误报道，还将保留对其追究法律责任的权利。公告在一定程度上防止了负面信息的扩散。之后，保乐力加陆续采取一系列紧急补救措施，旨在证明报道的不真实和自身的清白。

1月23日，苏格兰威士忌协会（SWA）表示，该协会确认苏格兰威士忌的酒瓶标签上对其年份的说明是严格遵守英国和欧盟的法律规定，中国市场上所销售的“芝华士12年”的年份是足额的。

1月24日，芝华士生产商保乐力加集团再度以苏格兰威士忌协会（SWA）的名义向《第一财经日报》作出正面回应。上海酿酒专业协会副秘书长吴建华也表示：“对于芝华士来说，SWA的监管是比较严格的，因此年份应该是可以保证的。”针对成本仅25元一说，保乐力加中国传播总监王珏向记者表示：“光增值税一项就超过25元。”

1月25日，苏格兰威士忌协会、保乐力加（中国）贸易有限公司和保乐力加集团下属的英国芝华士兄弟有限公司举行联合记者招待会，英国驻上海总领事馆、欧盟驻华使团都派出代表为保乐力加站台助阵，众多高层人物现身，就此事作出回应。

关于年份问题，保乐力加方面表示，消费者在中国市场和国际其他市场上购买的芝华士12年高级苏格兰威士忌都是严格按照英国和欧盟相关法律规定进行生产和加注标签年份说明的，并完全遵照中华人民共和国法律进口并在国内进行销售。

苏格兰威士忌协会首席主管Gavin Hewitt指出，苏格兰威士忌的酿造受到英国政府以1988年《苏格兰威士忌法案》、1990年《苏格兰威士忌准则》以及欧共体（欧盟前身）理事会章程1576/89号等法规为准绳的严格监管。法律明确规定，任何由两种或两种以上不同年份的威士忌调和成的苏格兰威士忌的年份标识，应以其中醇化年份最短的威士忌为准。

Hewitt解释道：“任何针对芝华士12年高级苏格兰威士忌陈年不足12年的说法都是错误且毫无事实根据的。”他进一步指出，苏格兰威士忌酿制的程序得到了英国海关总署以及英国环境、食品及乡村事务部的严格监管，因此，消费者尽可以放心，如果威士忌酒瓶上的标签是12年就一定是12年。

此外，芝华士兄弟公司首席调酒师Colin Scott也强调了芝华士苏格兰威士忌的生产过程和工艺完全遵守英国及欧盟的相关法律法规，并指出，芝华士酒的年份数据都有记录，属于公司商业记录，以供税务海关总署与公司内部部门审计，而且在每瓶威士忌的瓶装与出口过程中都必须标有该瓶酒的年份。苏格兰威士忌是用发芽的大麦和其他谷物蒸馏出酒，然后将酒置入橡木桶醇化使其醇香圆润最终酿制而成的。但是在醇化期间，每个橡木桶每年会因为蒸发而丢失 2% 的酒。那么，12 年就会丢失约 25% 的酒。这也是芝华士价格昂贵的原因之一。

对此，保乐力加（中国）董事总经理齐德辉表示："Hewitt 和 Scott 的解释完全可以证明芝华士 12 年是高档的烈酒。"

针对"25 元成本"问题，保乐力加更是愤怒回击："每一瓶芝华士 12 年在进口过程中在国内缴纳的关税、消费税、增值税等加总就远不止这个金额，而一瓶芝华士 12 年在大多数超市的零售价不到 200 元人民币。这其中根本不存在所谓的'暴利'。"

关于芝华士是否存在散装进口的问题，保乐力加在接受媒体采访时称，芝华士在中国没有分装厂。此说法获得了海关总署相关人士的证实，此人对记者表示，芝华士在华均系原装进口。

英国大使馆也发表声明，对在华销售的苏格兰威士忌标签年份引发的争议事件表示十分关注。声明称，在包括中国在内的国际市场销售的所有苏格兰威士忌产品完全符合英国和欧盟的相关法规规定。

几轮公关下来，自 26 日起，媒体上有关芝华士 12 年的报道逐渐淡出和消失，起初风起云涌的"芝华士风波"在一周内趋于平静。但是此次事件仍然对芝华士品牌造成了严重影响。新浪网进行了一项"芝华士涉嫌暴利经营"的网络调查，调查数据显示，截至 1 月 26 日中午，接受调查的 23 412 人中，77.47% 的人表示今后不会再购买芝华士酒，仅有 22.53% 的人选择"会"；在"您认为芝华士在醇化时间上是否有问题"一项中，有 62.18% 的人选择"是"，32.92% 的人选择"说不好"，而选择"不是"的仅占 4.89%；值得注意的是，在接受调查的人群中，61.52% 的人认为芝华士对自己而言是一种奢侈品，38.48% 的人认为不是。

当事件慢慢平息后，为了能够最大限度地挽回流失的消费者，2 月 6 日，保乐利加在过去一般不涉足的 30 多家主流报纸上为芝华士 12 年做广告，投放地点都选在了上海、北京等发达城市，特别强调芝华士 12 年是用至少 12 年以上的威士忌调和而成的，并严格遵守了相关规定。据了解，保乐力加公司在每个城市都只选择一家媒体。保乐力加成都分公司人士称，此次选择平面媒体十分考究，各片区分公司都没有权利，是由中国总部统一部署挑选的，必须是当地最有影响力的报纸，才可以上广告。

事实上，保乐力加公司在品牌宣传投入上从不吝啬，所以芝华士进入中国 10 余年，一直稳坐国内第一大威士忌品牌宝座，但广告投向一般只选择电视、杂志以及终端宣传。此次投向平面媒体是保乐力加危机公关的措施，也有广告投入立体化的趋向。对此次大面积报纸宣传花了多少钱，保乐力加公司没有透露，但业内人士估计在300万元左右。

保乐力加在危机中的出色表现让企业顺利度过了此次危机，成功修复了受损的品牌关系。危机过后，据《重庆商报》报道，重庆百货、新世纪等超市称，春节期间，“芝华士12年仍是同类型进口酒中卖得最好的，看不出销售受到什么影响”，“芝华士开拓中国市场十几年，培育了大批忠实的消费者，他们对芝华士品牌的信任和认同不会因为一些没有根据的信息而轻易动摇”。《商务周刊》也表示，从当时的市场反馈来看，“芝华士在国内的销售继续保持增长势头，还是中国市场第一大进口烈酒品牌”。解放碑等几家夜间娱乐场所也称，看不出销售受到什么影响，与往年差不多。显然，保乐力加的危机公关收到了一定效果。解放碑一酒吧老板解释，在娱乐场所喝芝华士的大多是白领以上人群，他们消费心理都比较理性，大多都认同了保乐力加公司的解释和态度。

事实证明，此次危机是由于媒体的不实报道导致的。2007年2月28日，经过上海市第一中级人民法院调解，《国际金融报》就其2006年1月有关芝华士12年苏格兰威士忌的不实报道向保乐力加（中国）贸易有限公司和芝华士兄弟有限公司正式道歉，承认报道材料未经查证，其内容失实并误导了广大消费者，并就原报道造成的恶劣影响道歉。至此，“年份门”事件彻底平息。

（二）危机恢复评价

分析整个案例，《国际金融报》关于芝华士12年其实不足12年年份且存在暴利现象的报道，导致了芝华士核心要素受到影响，引发核心要素品牌危机；2007年2月28日《国际金融报》关于此次事件不实报道的道歉，说明芝华士危机是由于企业外部不可控因素引发的，是被动品牌危机；芝华士风波没有涉及整个行业的利益，只对芝华士单个品牌造成了影响，属于非行业性品牌危机。

危机过后，从芝华士的市场销售情况可以看出，芝华士的销量并没有受到很大影响，消费者对公司持认同态度，这都说明了芝华士在此次危机恢复中的表现是值得肯定的。芝华士主要采取声明、公关、广告以及法律来对危机进行恢复。

1. 声明策略

1月20日，事件爆发当晚，保乐力加就迅速对芝华士12年的生产年份控制和成本构成作出郑重声明，反驳《国际金融报》的不实报道。这在一定程度上遏制了负面信息的传播，并让消费者感受到了保乐力加对事件的重视、诚意以及积极主动的态度。之后发表的一系列其他声明，也都表明了保乐力加对此次事件的明确态度和坚定立场。这在一定程度上会让消费者更加理性地思考媒体报道的真实性，而不是盲目相信媒体，为保乐力加后续的修复工作打下了基础，更加容易重获消费者信任。

2. 公关策略

1月25日，苏格兰威士忌协会、保乐力加（中国）贸易有限公司和保乐力加集团下属的英国芝华士兄弟有限公司举行联合记者招待会，英国驻上海总领事馆、欧盟驻华使团都派出代表为保乐力加站台助阵，众多高层人物现身。强大的阵势对消费者形成了强烈的视觉冲击和心理冲击。这些权威机构的言论能够显著影响消费者的态度和行为以及对危机的感知。很显然，这些权威机构对保乐力加的支持与维护都在力证一个事实，那就是《国际金融报》的消息是虚假的，芝华士12年年份是千真万确的，且不存在暴利行为。一切对保乐力加有利的说辞都让消费者及社会公众更加相信此次危机是由媒体的不实报道引起的，认为芝华士作为受害者是值得同情的。

3. 广告策略

2月6日，保乐力加在各大发达城市如北京、上海等投放广告。以前，保乐力加一般只选择电视、杂志以及终端宣传作为广告渠道。在这次危机中，它更多地利用30多家当地最有影响力的主流报纸为芝华士12年做广告。广告特别强调了芝华士12年是用至少12年以上的威士忌调和而成的，并严格遵守了相关规定。据业内人士估计，保乐力加为广告宣传投入了300万元左右的成本。如此大的广告力度，充分展现了保乐力加重塑品牌形象的决心和信心。广告对消费者潜移默化的影响是巨大的，通过广告宣传，必定能够在消费者心中树立芝华士12年纯正、信得过的良好形象。

4. 法律策略

对于《国际金融报》关于芝华士12年的不实报道，保乐力加对其提出了法律诉讼。事实证明，《国际金融报》的报道是未经证实的。《国际金融报》关于此事向保乐力加道歉，证明了芝华士12年年份足额的事实，让消费者有了一个重新的正确的认识，重新树立了芝华士在消费者心中的良好形象。

总体而言，芝华士危机恢复是成功的，但是也存在一些不足。危机是在中国背景下发生的，而公关过程中，芝华士忽视了对中国政府及行业部门的公关。另外，芝华士没有采取第三方权威机构的监测，也是一大失误。如果保乐力加能够做到上述两点，那么危机恢复就有可能更加容易，效果也更好。

二、霸王“致癌门”事件

（一）“致癌门”事件追踪

2010年7月14日，香港《壹周刊》报道，有一姓陈的消费者投诉霸王洗发水，称他带了包括霸王在内的几款洗发水去香港通用公证行检验，结果显示霸王品牌旗下的中草药洗发露、首乌黑亮洗发露以及追风中草药洗发水均含有被美国列为致癌物质的二恶烷，且含量高达 27 ppm。该事件的报道马上引起了公众的恐慌，并对霸王洗发水产生了质疑，由此导致了霸王“致癌门”事件的发生。

7 月 14 日，“致癌门”事件曝光后，霸王集团在香港上市的股价遭受重创，当天早盘放量大跌 15.14%。之后股价连跌三天，从 6.88 港元跌至 4.54 港元，跌幅超过 20%，公司市值累计缩水近 40 亿港元。另外，各机构也纷纷下调对霸王的赢利预测和评级。比如，瑞银已将霸王国际的评级由“买入”下调至“中性”，美银美林也将霸王国际的评级从“买入”下调至“弱于大盘”。消费者的质疑声也越来越响。霸王相关人士表示，该事件使得霸王的品牌形象受到了极大的损害，且这种负面信息带来的各种不利影响不是通过金钱就可以衡量的。

新浪财经面向 53 000 余人的相关调查中，有超过 65% 的受访者“相信霸王洗发水含致癌成分”，超过 70% 的人表示“不会购买霸王洗发水”。而腾讯财经的调查也显示，有近五成网民表示不相信二恶烷对人体无害，七成表示今后不会再购买。霸王与消费者之间的这种品牌关系受到了严重的损害，甚至断裂。

面对危机，霸王集团在第一时间采取了各种补救措施，努力控制事件的恶性蔓延。14 日，被曝含致癌物质后，霸王集团立刻在官网上发布《关于香港〈壹周刊〉失实报道的严正声明》，表示公司产品所含的微量二恶烷远低于世界安全标准，绝对不会对人体健康构成影响；集团对《壹周刊》该篇失实报道及其所带来的影响保留采取进一步法律行动的权利。同时，霸王在新浪开通微博，短短两小时，霸王洗发水发布了 15 条微博消息，从不同角度对二恶烷进行了知识普及。

15 日，霸王公司网站及其官方博客的首页上挂出了《霸王致消费者的一封信》。信中，霸王再次强调并无刻意在产品中添加二恶烷，其产品中所发现的二恶烷是生产过程中产生的自然残留，且是目前技术上无法避免的，并低于世界各地政府立法机构制定的安全水平，不会对消费者健康构成影响。信中还指出，对于非刻意添加的微量二恶烷，目前中国内地及香港对其含量限定并无明确标准，其在欧盟法例当中是允许的。而媒体所称检验的霸王产品的二恶烷含量为 10 ppm（即每升 10 毫克），远低于欧盟及美国地区规定成品中二恶烷 20 ppm 的安全含量标准。这是霸王集团在致癌风波中发表的第二份公开声明。当天，成龙、王菲经纪公司也发表声明称信任霸王品牌。

16 日，国家食品药品监督管理局通报霸王洗发水的抽检结果，公告显示：在霸王相关产品的抽检样品中，二恶烷含量水平不会对消费者健康产生危害。17 日，霸王股价因此扭转了连跌 4 天的惨状，升了 7.27%。然而，风波并没有就此平息。又有香港媒体报道称，经香港通用公证行化验，“飘柔”及“澳雪”各一款含中药成分的洗发水二恶烷含量分别达 8.8 ppm、2.9 ppm。而“十款国内外知名洗发水，九款检出二恶烷”的陈年往事也因此被挖出。2010 年 3 月，广东有关检测机构对市场畅销的十款洗发水进行检测，发现十款中九款均被检测出含有二恶烷。这九款洗发水的二恶烷含量最高为 19.5 ppm。含有二恶烷的九款洗发水中，有七款的二恶烷含量超过了 10 ppm。

19 日，霸王国际集团就《壹周刊》诋毁公司产品发表声明：“对《壹周刊》的恶意报道，集团决定对其进行法律起诉，以维护自身权利以及社会的公平正义。”

21 日，国家食品药品监督管理局通报的化妆品含二恶烷检测数据结果显示，霸王样品中二恶烷的最高含量为 6.4 ppm。权威机构检测结果的公布，基本上消除了消费者心中的疑虑，证实了霸王集团的清白。

28 日，香港《东周刊》的报道更是证实了霸王集团其实是“致癌门”事件的受害者。该报道指出霸王二恶烷事件实际上由香港生乐华国际有限公司老板陈先生自编自导，该公司旗下的“梨奥美”品牌近年来大肆抢攻中药洗发水市场。该报道称，生乐华今年 3 月才开设的公司面书（facebook），被发现 5 月已贴上“内地畅销洗头水恐致癌”的消息提醒消费者。随后在“霸王致癌”报道刊登前一日，该公司面书又转贴“香港通用公证行有限公司”一篇题为“洗头水和沐浴液可能含有致癌物质”的文章，而该公证行正是报道中投诉人陈先生选用的化验机构。

然而，当事件刚出现转机的时候，霸王集团一些员工的举动再次将此次事件推上了舆论的风口浪尖。30 日下午，每日经济新闻报社发表声明称，霸王集团员工洪某带领 3 名男子前往其上海办公区，采用威胁、谩骂、推搡等手段，冲击、滋扰报社办公区。

31 日，霸王集团首次对旗下产品被曝含有致癌物质作出公开回应。其 CEO 万玉华表示，致癌风波的发生很可能涉及同行恶性竞争。讲到激动处，万玉华面对众多媒体镜头痛哭流涕，感叹“在中国做企业为什么就这么难”。她表示，如果国家认定霸王产品有问题，霸王愿意将全部产品下架，并负担全部赔偿责任。

针对霸王员工冲击每日经济新闻报社事件，8 月 5 日，万玉华明确表示，霸王集团员工冲击报社是不正确的行为，并承认肇事者均为霸王集团员工，同时集团将吸取该事件的教训，教育员工正确对待媒体的监督。她表示将对肇事员工作出严肃处理，并将代表霸王集团向每日经济新闻报社作出公开的书面道歉。

8 月 5 日，香港化妆品技术资源中心举行记者会，宣布日前对市场上 33 款护理产品二恶烷含量检测的结果是所有产品都含二恶烷，沐浴露产品二恶烷最高测试值为 12.1 ppm，洗发液最高为 11.2 ppm，均未超过相关产品二恶烷最高含量国际标准。香港化妆品技术资源中心商务拓展主任梁国斌表示，希望通过检测客观研究二恶烷在个人护理产品中的存在情况，让公众更清楚地了解二恶烷的特性及对健康的影响。本次共检测23款洗发液和10款沐浴露产品，洗发液品牌包括潘婷、海飞丝、强生、力士、飘柔、沙宣、霸王、欧莱雅等，沐浴露品牌则有强生、多芬、碧柔、威露士、玉兰油等。梁国斌表示，香港化妆品技术资源中心选择测试产品的标准为消费者经常使用、品牌知名度较高和消费者易于采购三项。选定产品后，该中心以随机的方法，从香港市场上采购样品，每款样品一支，由香港中华厂商联合会检定中心进行检测。

至此，霸王“致癌门”事件才慢慢淡出人们的视线。危机发生后，虽然霸王集团积极采取了各种补救措施，在各商场进行了强有力的促销活动，但是购买者寥寥无几。“致癌门”事件已严重打击了消费者对霸王品牌的信心。霸王集团要想完全修复受损的品牌关系，需要付出更多的努力，还有很长的一段路要走。

（二）危机恢复评价

从整个案例发展过程可以看出，此次危机是由于媒体报道霸王洗发水含致癌物质导致消费者恐慌并质疑霸王品牌引起的核心要素品牌危机。事实证明，不只是霸王洗发水中含有二恶烷这种致癌物质，其他品牌洗发水和沐浴产品中同样含有二恶烷，但是含量基本上都在安全范围之内。此次事件的发生，虽然对整个行业产生了影响，但还不至于发展成行业性品牌危机，“致癌门”事件的受伤主角始终是霸王集团，所以是一次非行业性品牌危机。“致癌门”事件是由香港生乐华国际有限公司老板陈先生向媒体举报引发的，事实证明是同行的恶意中伤、媒体的不实报道，所以是一次被动性品牌危机。

霸王在“致癌门”事件的恢复上可圈可点，有成功之处，也有不足之处。

霸王在危机恢复过程中，主要采取了声明、第三方权威机构监测、道歉和促销策略。

声明：7月14日，被爆含致癌物质后，霸王立刻在官网上发布了《关于香港〈壹周刊〉失实报道的严正声明》，并指出公司产品所含的微量二恶烷远低于世界安全标准，绝对不会对人体健康构成影响；另外，集团将对《壹周刊》保留采取进一步法律行动的权利。15日，霸王再次发表声明，称产品所含二恶烷是生产加工产生的，并非恶意人为添加。另外，成龙、王菲经纪公司也发表声明称信任霸王品牌。霸王一系列声明的发表都旨在说明自己是媒体不实报道的受害者。声明的迅速发布表明了霸王对事件的高度重视，减小了负面信息的传播范围和传播时间，让消费者能够同时面对媒体的不实报道和霸王的正面声明，并让他们作出有利于霸王的判断，削弱了消费者起先接触负面信息报道时产生的刻板印象。

第三方权威机构检测：16日，国家食品药品监督管理局证实了霸王相关产品中所含二恶烷含量水平不会对消费者健康产生危害的事实。国家食品药品监督管理局的监测结果让霸王集团的股票在危机后首次出现反弹，回升了7.27%。可见，第三方权威机构在恢复社会公众对霸王的信心上起到了重要作用。8月5日，香港化妆品技术资源中心对市场上33款护理产品的二恶烷含量监测结果更是证实了二恶烷并非只存在于霸王产品中，同样普遍存在于其他品牌的护理产品中，并强调了少量二恶烷不会对人体造成严重影响，希望人们能够正确认识二恶烷。香港化妆品技术资源中心的这一监测结果更是帮助霸王抚平了消费者心中的疑虑，降低了消费者对霸王品牌的负面评价，也为霸王走出危机、恢复危机起到了关键性作用。

道歉：针对霸王员工冲击每日经济新闻报社事件，8月5日，万玉华就此事作出道歉，承认肇事员工的错误行为。由于霸王员工冲击、滋扰报社的不正确行为在先，霸王此时作出道歉是必须的。相反，如果霸王冷漠处理此事，不予回应，则必将招来社会公众的质疑，怀疑霸王致癌事件是真实的，媒体的报道是准确的，霸王集团是因为心虚才派员工报复报社等。这种不利于霸王的言论或猜想都有可能产生，进而恶化危机。所以，虽然发生了员工冲击报社事件，但是事后霸王能够及时作出道歉是值得肯定的。

促销：促销经常被用来激发消费者的购物冲动，从而达到修复品牌危机的目的。事件爆发后，霸王采取了促销策略，试图重拾消费者信心。但是从结果来看，霸王的促销效果并不理想，没有获得消费者的理解和认同。虽然促销策略暂时没有发挥什么作用，但是从长期来看，其对消费者行为的改变还是不容忽视的。

显然，霸王在危机恢复中还是存在较大不足的。霸王当事方曝出洗发水全行业都有“二恶烷”，并称是行业普遍存在的问题，此举有意拖同行“下水”，难免会引发行业性品牌危机。此后，霸王员工围堵报社，表面上是危机的一次延伸，但事实上是企业内部危机管理控制缺位，同时也被视作对抗媒体，犯公关之大忌。而接下来霸王总裁万玉华在新闻发布会上挥泪痛哭更不应该。在这样的发布会上，霸王应该给消费者信心以及阐明企业下一步的行动，而不是抱怨“在中国做企业为什么就这么难”。这些不足都是企业在今后危机恢复过程中需要注意的地方。

本章小结

从品牌关系视角出发，品牌危机恢复的目的在于修复受损的品牌关系。只要企业能够及时采取适当的修复策略，品牌关系就有机会修复，且能够带来巨大的经济价值。品牌关系的修复通常有三个过程：首先，对品牌关系的修复价值进行评估；其次，制定一系列详细的修复策略，本章将修复策略分成信息性策略和实质性策略；最后，实施修复策略。不同类型的品牌危机，其恢复策略的侧重点是不一样的。企业要根据危机的不同成因实施相应的修复策略。

参考文献

[1] Aaker David. *Managing Brand Equity* [M]. New York: The Free Press, 1991.

[2] Aaker, J., Fournier, S., Brasel, S. A.. When Good Brands Do Bad [J]. *Journal of Consumer Research*, 2004 (31).

[3] Aaker, J.. Dimensions of Brand Personality [J]. *Journal of Marketing Research*, 1997 (8).

[4] Ahluwalia R., Burnkrant R. E. & Unnava H. R.. Consumer Response to Negative Publicity: the Moderating Role of Commitment [J]. *Journal of Marketing Research*, 2000, 37 (5).

[5] Ahluwalia, Rohini. Examination of Psychological Processes Underlying Resistance to Persuasion [J]. *Journal of Consumer Research*, 2000, 27 (2).

[6] Aino Halinen, Jaana Tahtinen. A Process Theory of Relationship Ending [J]. *International Journal of Service Industry Management*, 2002, 13 (2).

[7] Allen, M. W., Caillouet R. H.. Legitimate Endeavors: Impression Management Strategies Used by an Organization in Crisis [J]. *Communication Monographs*, 1994 (61).

[8] Augustine, N. R.. Managing the Crisis You Tried to Prevent [J]. *Harvard Business Review*, 1995, 73 (6).

[9] Bansal, P. & Roth, K.. Why Companies Go Green: a Model of Ecological Responsiveness [J]. *Academy of Management Journal*, 2000, 43 (4).

[10] Basak S., Shapiro A.. Value - at - Risk Based Risk Management: Optimal Policies and Asset Prices [J]. *The Review of Financial Studies*, 2001 (2).

[11] Beckwith, N. & Lehmann, D.. The Importance of Halo Effects in Multi - Attribute Attitude Models [J]. *Journal of Marketing Research*, 1975, 22 (8).

[12] Benoit, W. L.. *Accounts, Excuses and Apologies: a Theory of Image Restoration* [M]. New York: State University of New York Press, 1995.

[13] Berry, Leonard L.. Relationship Marketing of Services - Growing Interest, Emerging Perspectives [J]. *Journal of the Academy of Marketing Science*, 1995,

23 (4).

[14] Blackston, M.. Observations: Building Brand Equity by Managing the Brand's Relationships [J]. *Journal of Advertising Research*, 1992.

[15] Booth, S. A.. *Crisis Management Strategy: Competition and Change in Modern Enterprises* [M]. London: Routledge, 1993.

[16] Brady, Michael, Joseph Cronin, Gavin Fox & Michelle Roehm. Strategies to Offset Performance Failures: the Role of Brand Equity [J]. *Journal of Retailing*, 2008, 84 (2).

[17] Bromilev C.. Individual Differences in Risk Taking [J]. *Risk Taking Behavior*, 1992, 11 (1).

[18] Brown, T. & Dacin, P.. The Company and the Product: Corporate Associations and Consumer Product Responses [J]. *Journal of Marketing*, 1997, 61 (1).

[19] Camaron G. , Ramsay. Protecting Your Business from Emergency Planning to Crisis [J]. *Journal of Hazardous Materials*, 1999 (3).

[20] Pao-Long Chang & Ming-Hua Chieng , M H. Building Consumer – Brand Relationship : a Cross – Cultural Experiential View [J]. *Psychology & Marketing*, 2006 , 23 (11).

[21] Coombs, W. T.. An Analytic Framework for Crisis Situations: Better Responses from a Better Understanding of the Situation [J]. *Journal of Public Relations Reseach*, 1996, 10 (3).

[22] Coombs, W. T.. Attribution Theory as a Guide for Post – Crisis Communication Research [J]. *Public Relations Review*, 2006 (33).

[23] Coombs, W. T.. Impact of Past Crisis on Current Crisis Communication [J]. *Journal of Business Communication*, 2004, 41 (8).

[24] Coombs, W. T.. The Protective Powers of Crisis Response Strategies: Managing Reputational Assets During a Crisis [J]. *Journal of Promotion Management*, 2006 (12).

[25] Craig Andrews J.. A Framework for Conceptualizing and Measuring the Involvement Construct in Advertising Research [J]. *Journal of Advertising*, 2000, 19 (4).

[26] Dahlen Michael & Fredrik Lange. A Disaster Is Contagious: How a Brand in Crisis Affects Other Brand [J]. *Journal of Advertising Research*, 2006, 46 (12).

[27] Darling, J. R.. Crisis Management in International Business: Keys to Effective Decision Making [J]. *Leadership & Organizational Development Journal Annual*,

1994, 15 (8).

[28] Davies H., Walters M.. Do All Crises Have to Become Disasters? Risk and Risk Mitigation [J]. *Disaster Prevention and Management*, 1998, 17 (5).

[29] Davis Donna F.. The Effect of Brand Equity in Supply Chain Relationships [D]. The University of Tennessee, Knoxville, 2003.

[30] Dean, D. H.. Consumer Reaction to Negative Publicity: Effects of Corporate Reputation, Response and Responsibility for a Crisis Event [J]. *Journal of Business Communication*, 2004, 41 (2).

[31] Drumwright, M.. Socially Responsible Organizational Buying: Environmental Concern as a Non-Economic Buying Criterion [J]. *Journal of Marketing*, 1994, 58 (3).

[32] Dwyer, F. Robert, Schurr, Paul H. & Oh, Sejo. Developing Buyer-Seller Relationships [J]. *Journal of Marketing*, 1987 (51).

[33] Escalas, J E & Bettman, J R. You Are What They Eat, the Influence of Reference Groups on Consumers' Connections to Brands [J]. *Journal of Consumer Psychology*, 2003, 13 (3).

[34] Fajer, M T & Schouten, J W. Breakdown and Dissolution of Person-Brand Relationships [J]. *Advances in Consumer Research*, 1995 (22).

[35] Fletcher Garth J. O., Jeffry A. Simpson, Geoff Thomas & Louise Giles. Ideals in Intimate Relationships [J]. *Journal of Personality and Social Psychology*, 1999, 76 (1).

[36] Flynn, L. R. & R. E. Goldsmith. Application of the Personal Involvement Inventory in Marketing [J]. *Psychology and Marketing*, 1993 (10).

[37] Folkes, V. S.. Consumer Reactions of Product Failure: an Attributional Approach [J]. *Journal of Consumer Research*, 1984 (10).

[38] Fournier, S. Consumers and Their Brands: Developing Relationship Theory in Consumer Research [J]. *Journal of Consumer Research*, 1998 (24).

[39] Gadde Lars-Erik & Mattsson Lars-Gunnar. Stability and Change in Network Relationships [J]. *International Journal of Research in Marketing*, 1987 (3).

[40] Gerald Gorn J, Yuwei Jiang & Gita Venkataramani Johar. Babyfaces, Trait Inferences, and Evaluations in a Public Relations Crisis [J]. *Journal of Consumer Research*, 2008 (35).

[41] Halinen A. & Thtinen J.. A Process Theory of Relationship Ending [J]. *International Journal of Service Industry Management*, 2002, 13 (2).

[42] Virpi Havila & Ian F Wilkinson. The Principle of the Conservation of Business Relationship Energy: or Many Kinds of New Beginnings [J]. *Industrial Marketing Management*, 2002, 31 (3).

[43] Heckhausen, Jutta & Richard Schultz. A life - Span Theory of Control [J]. *Psychological Review*, 1995, 102 (4).

[44] Hermann, C. F.. *International Crisis: Insights from Behavioral Research* [M]. New York: Free Press, 1972.

[45] Jorgensen & Brian K.. Components of Consumer Reaction to Company - Related Mishaps: a Structural Equation Model Approach [J]. *Advances in Consumer Research*, 1996 (23).

[46] Jorgensen & Brian K.. Consumer Reaction to Company - Related Disasters: the Effect of Multiple Versus Single Explanations [J]. *Advances in Consumer Research*, 1994 (21).

[47] Jule B. Gassenheimer, Franklin S. J., Charlene Houston & Davis. The Role of Economic Value, Social Value, and Perceptions of Fairness in Interorganizational Relationship Retention Decisions [J]. *Journal of the Academy of Marketing Science*, 1998 (23).

[48] Kanouse DE. & Hanson Jr LR. *Negativity in Evaluations* [M]. Morristown, NJ: General Learning Press, 1971.

[49] Kathleen, C., Marnik, G. & Dekimpe, K, H.. Weathering Product - Harm Crisis [J]. *Journal of the Academy of Marketing Science*, 2008 (36).

[50] Keller & Lane Kevin. Conceptualizing, Measuring, and Managing Customer - Based Brand Equity [J]. *Journal of Marketing*, 1993, 57 (1).

[51] Keller, K. L.. Building Customer - Based Brand Equity [J]. *Marketing Management*, 2001 (7/8).

[52] Jill Klein & Niraj Dawar. Corporate Social Responsibility and Consumers' Attributions and Brand Evaluations in a Product - Harm Crisis [J]. *International Journal of Research in Marketing*, 2004 (21).

[53] Laitinen E. K. & Chong H. G.. Early - Warming System for Crisis in SMEs: Preliminary Evidence from Finland and the UK [J]. *Journal of Small Business and Enterprise Development*, 1999 (1).

[54] Laufer, D. & Gillespie, K.. Who's to Blame? Differences in Consumer Attributions of Blame Between Men and Women: the Role of Perceived Vulnerability and Empathic Concern [J]. *Psychology and Marketing*, 2004 (21).

[55] Laufer, Daniel, David H Silvera & Tracy Meyer. Exploring Difference Between Older and Younger Consumers in Attributions of Blame for Product Harm Crisis [J]. *Academy of Marketing Science Review*, 2005, 10 (7).

[56] Laufer, D. & Coombs, W. T.. How Should a Company Respond to a Product Harm Crisis? The Role of Corporate Reputation and Consumer Based Cues [J]. *Business Horizons*, 2006 (49).

[57] Jaesub Lee, Jennifer H Woesteand & Robert L Heath. Getting Ready for Crisis: Strategic Excellence [J]. *Public Relations Review*, 2007, 33 (3).

[58] Lei, Jing, Niraj Dawar & Jos Lemmink. Negative Spillover in Brand Portfolios: Exploring the Antecedents of Asymmetric Effects [J]. *Journal of Marketing*, 2008, 72 (5).

[59] Lynette M., Mc Donald., Beverley Sparks & A. Ian Glendon. Stakeholder Reactions to Company Crisis Communication and Causes [J]. *Public Relations Review*, 2010, 4 (9).

[60] Mary Ann Hocutt. Relationship Dissolution Model: Antecedents of Relationship Commitment and the Likelihood of Dissolving a Relationship [J]. *International Journal of Service Industry Management*, 1998, 9 (2).

[61] Mary T. Fajer. Breakdown and Dissolution of Person – Brand Relationships [J]. *Advances in Consumer Research*, 1995 (22).

[62] Mc Alexander, James H., John W. Schouten & Harold Koening. Building Brand Community [J]. *Journal of Marketing*, 2002, 66 (1).

[63] Mc Auley. E., Duncan, T. E. & Russell, D. W.. Mearsuring Causal Attributions: the Revised Causal Dimension Scale (CDII) [J]. *Personality and Social Psychology Bulletin*, 1992 (18).

[64] Mc Lauglin M. L., Cody M. L. & O'Hair H. D.. The Management of Failure Events: Some Contextual Determinants of Accounting Behavior [J]. *Human Communication Research*, 1983, 9 (3).

[65] Menon, G., Jewell, R. D. & Unnava, H. R.. When a Company does not Respond to Negative Publicity: Cognitive Elaboration Versus Negative Affect Perspective [J]. *Advances in Consumer Research*, 1999 (26).

[66] Mert Tokman, Lenita M. Davis & Katherine Lemon. The WOW Factor: Creating Value through Win – Back Offers to Reacquire Lost Customers [J]. *Journal of Retailing*, 2007, 83 (1).

[67] Moorman, C., Deshpande, R., Zaltman, G.. Factors Affecting Trust in

Market Research Relationships [J]. *Journal of Marketing*, 1993 (57).

[68] Mowen, J. C. , Jolly, D. & Nickell, G. S. . Factors Influencing Consumer Responses to Product Recalls [J]. *Advances in Consumer Research*, 1981 (8).

[69] Mowen, J. C. . Further Information on Consumer Perceptions of Product Recalls [J]. *Advances in Consumer Research*, 1980 (7).

[70] Muniz Jr Albert M & O'Guinn Thomas C. Brand Community [J]. *Journal of Consumer Research*, 2001, 27 (4).

[71] Niraj Dawar & Lei Jing. Brand Crises: the Roles of Brand Familiarity and Crisis Relevance in Determining the Impact on Brand Evaluations [J]. *Journal of Business Research*, 2009, 62 (4).

[72] Perrin – Martinenq , D. . The Role of Brand Detachment on the Dissolution of the Relationship between the Consumer and the Brand [J]. *Journal of Marketing Management*, 2004 (20).

[73] Pullig, Chiris, Richard G Netemeyer & Abhijit Biswas. Attitude Basis, Certainty, and Challenge Alignment: a Case of Negative Brand Publicity [J]. *Academy of Marketing Science Journal*, 2006, 34 (4).

[74] Rhee, Mooweon & Pamela R Haunschild. The Liability of Good Reputation: a Study of Product Recalls in the US Automobile Industry [J]. *Organization Science*, 2006, 17 (1).

[75] Robins, Richard W. , Avshalom Caspi & Terrie Moffitt. Two Personalities, One Relationship [J]. *Journal of Personality and Social Psychology*, 2000, 79 (2).

[76] Roehm, M. , Tybout, A. M. . When Will a Brand Scandal Spillover, and How Should Competitors Respond? [J]. *Journal of Marketing Research*, 2006, 43 (8).

[77] Roehm, Michelle & Michael Brady. Consumer Response to Performance Failures by High – Equity Brands [J]. *Journal of Consumer Research*, 2007, 34 (12).

[78] Russell Smith, JR. . Environmental Change and the Dissolution of Relationships [J]. *The Marketing Management Journal*, 2002, 12 (2).

[79] Sen, S. & Bhattacharya, C. B. . Does Doing Good Always Lead to Doing Better? Consumer Reactions to Corporate Social Responsibility [J]. *Journal of Marketing Research*, 2001, 38 (20).

[80] Silke Michalski. Types of Customer Relationship Ending Processes [J].

Journal of Marketing Management, 2004 (20).

[81] Sillince, J. A.. A Model of the Strength and Appropriateness of Argumentation in Organizational Contexts [J]. *Journal of Management Studies*, 2002 (39).

[82] Siomkos, George & Gary Kurzbard. The Hidden Crisis in Product – Harm Crisis Management [J]. *European Journal of Marketing*, 1994, 28 (2).

[83] Sloot, L. M, Peter C. Verhoef & Philip H. Franses. The Impact of Brand Equity and the Hedonic Level of Products on Consumer Stock – Out Reactions [J]. *Journal of Retailing*, 2005, 81 (1).

[84] Smith, L.. Media Strategies in Product Liability Crisis [J]. *American Business Review*, 2003 (5).

[85] Stauss B., Friege C.. Regaining Service Customers [J]. *Journal of Service Research*, 1999, 1 (4).

[86] Stewart Kate. An Exploration of Customer Exit in Retail Banking [J]. *International Journal of Bank Marketing*, 1998, 16 (1).

[87] Strong, K. C., Ringer, R. C. & Taylor, S. A.. The Rules of Stakeholder Satisfaction [J]. *Journal of Business Ethics*, 2001 (32).

[88] Jacquelyn S. Thomas, Robert C. Blattberg & Edward J. Fox. Recapturing Lost Customers [J]. *Journal of Marketing Research*, 2004, 41 (1).

[89] Thorbjornsen, H, Breivik, E & Supphellen, M.. Consumer – Brand Relationships: a Test of Alternative Models [J]. *Conference Proceedings of American Marketing Association*, 2002 (13).

[90] Tsang, Jo – Ann, Michael E Mc Cullough & Frank D Fincham. The Longitudinal Association between Forgiveness and Relationship Closeness and Commitment [J]. *Journal of Social and Clinical Psychology*, 2006, 25 (4).

[91] Tsung – Chi Liu, Chung – Yu Wang & Li – Wei Wu. Moderators of the Negativity Effect: Commitment, Identification, and Consumer Sensitivity to Corporate Social Performance [J]. *Psychology & Marketing*, 2010, 27 (1).

[92] Ulmer, R. R., Sellnow, T. L.. Consistent Questions of Ambiguity in Organization Crisis Communication: Jack in the Box as a Case Study [J]. *Journal of Business Ethics*, 2000 (25).

[93] Upshaw, L & Taylor, E. Building Business by Building a Master Brand [J]. *The Journal of Brand Management*, 2001, 8 (6).

[94] Vassilikopoulou, Apostolos Lepetsos & George Siomkos. The Importance of Factors Influencing Product – Harm Crisis Management across Different Crisis Extent

Levels: a Conjoint Analysis [J]. *Journal of Targeting, Measurement and Analysis for Marketing*, 2008, 17 (1).

[95] Vassilikopoulou, A., Siomkos, G., Chatzipanagiotou, K. & Pantouvakis, A.. Product - Harm Crisis Management: Time Heals all Wounds [J]. *Journal of Retailing and Consumer Services*, 2009 (16).

[96] Votolato, Nicole & Rao Unnava. Spillover of Negative Information on Brand Alliances [J]. *Journal of Consumer Psychology*, 2006, 16 (2).

[97] Waddock, S. & Smith, N.. Corporate Social Responsibility Audits: Doing Well by Doing Good [J]. *Sloan Management Review*, 2000, 41 (2).

[98] Zaichkowsky, J L.. Measuring the Involvement Construct [J]. *Journal of Consumer Research*, 1985, 12 (12).

[99] [美] 劳伦斯·巴顿. 组织危机管理 [M]. 北京: 清华大学出版社, 2002.

[100] [美] 罗伯特·希斯. 危机管理 [M]. 王成译. 北京: 中信出版社, 2004.

[101] 曹金华, 赵瑞峰. 品牌危机管理研究 [J]. 企业活力, 2007 (12).

[102] 晁钢令, 王志良. 企业危机处理策略、传递方式与评价问题研究 [J]. 市场营销导刊, 2006 (4).

[103] 丛庆, 王玉梅. 服务补救研究综述 [J]. 成都大学学报, 2007 (2).

[104] 董亚妮. 产品伤害危机市场恢复策略研究 [J]. 商业研究, 2010 (1).

[105] 方正, 李蔚, 李珊. 产品伤害危机中顾客年龄与其购买意愿的差异性研究 [J]. 生产力研究, 2007 (16).

[106] 郭际. 现代企业危机管理 [M]. 北京: 科学出版社, 2010.

[107] 郭秀艳. 实验心理学 [M]. 北京: 人民教育出版社, 2004.

[108] 何佳讯, 卢泰宏. 中国文化背景中的消费者—品牌关系: 理论构建与实证研究 [J]. 商业经济与管理, 2007 (11).

[109] 何佳讯. 品牌关系质量本土化模型的建立与论证 [J]. 华东师范大学学报 (哲学社会科学版), 2006, 38 (3).

[110] 黄静, 熊巍. 犯错品牌的投入对消费者再续关系意愿的影响 [J]. 中国软科学, 2009 (6).

[111] 黄静, 熊巍. 消费者品牌关系的断裂与再续: 理论回顾与展望 [J]. 外国经济与管理, 2007, 29 (7).

[112] 黄胜兵, 卢泰宏. 品牌个性维度的本土化研究 [J]. 南开管理评论,

2003 (1).

[113] 晋雪梅. 构建基于顾客价值的品牌关系形成机理模型 [J]. 商业时代, 2007 (12).

[114] 李海廷, 孔令一. 品牌关系模型的分析及应用 [J]. 学术交流, 2007 (1).

[115] 李蔚, 王良锦. 论中国企业的品牌安全管理 [J]. 商业经济与管理, 2000 (12).

[116] 林雅军, 刘世明. 影响品牌关系再续因素的理论性探索 [J]. 海南大学学报 (人文社会科学版), 2009, 27 (4).

[117] [日] 铃木敏正. 危机管理系统 [M]. 玄美兰译. 沈阳: 辽宁科学技术出版社, 2009.

[118] 刘春章, 余明阳, 侯傲霜. 品牌危机的演化机理探析 [J]. 市场营销导刊, 2008 (3).

[119] 刘庆玉, 吴烽. 企业品牌危机预警系统的构建 [J]. 云南财贸学院学报, 2005, 21 (4).

[120] 刘人怀, 姚作为. 关系质量研究述评 [J]. 外国经济与管理, 2005, 27 (1).

[121] 刘伟, 李国峰. 产品危机情境下企业社会责任对消费者购买意愿影响机制的理论分析 [J]. 中国市场, 2009 (26).

[122] 罗蓉, 李勇辉. 从品牌危机事件看消费者—品牌关系的再续 [J]. 消费经济, 2008, 24 (2).

[123] 施光荣, 范若琳. 品牌关系的影响因素研究述评 [J]. 经济研究导刊, 2009 (4).

[124] 王春和, 王玲恩, 张小兰. 品牌危机管理的预警机制探析 [J]. 价值工程, 2009 (5).

[125] 王德胜. 企业危机预警管理模式研究 [M]. 济南: 山东人民出版社, 2009.

[126] 王晓玉, 晁钢令, 吴纪元. 产品伤害危机及其处理过程对消费者考虑集的影响 [J]. 管理世界, 2006 (5).

[127] 王晓玉, 晁钢令. 企业营销负面曝光事件研究述评 [J]. 外国经济与管理, 2009 (2).

[128] 吴旭明. 消费者个体差异对品牌资产的影响研究——基于可辩解型产品伤害危机 [J]. 中国流通经济, 2008 (8).

[129] 谢毅, 彭泗清. 两类企业公开信息及其交互作用对消费者品牌关系

的影响［J］. 南开管理评论，2009（12）.

［130］许安心. 基于品牌生命周期视角的品牌危机产生机理研究［J］. 技术经济，2007，26（11）.

［131］许安心. 品牌危机预警管理研究［J］. 科技和产业，2009（3）.

［132］杨学成，张中科，汪晓凡，李屹松. 口碑信息与产品涉入对消费者品牌转换意愿影响的实证研究［J］. 财贸经济，2009（7）.

［133］姚作为. 关系质量的关键维度—研究述评与模型整合［J］. 科技管理研究，2005（8）.

［134］［美］伊恩·I·米特诺夫等. 危机防范与对策［M］. 燕清联合传媒管理咨询中心译. 北京：电子工业出版社，2004.

［135］余明阳，刘春章. 品牌危机管理［M］. 武汉：武汉大学出版社，2008.

［136］张燚，刘进平，张锐. 国外品牌关系模型的演化发展及趋势［J］. 企业经济，2008（4）.

［137］周南，黄静等. 品牌关系准则对再续品牌关系意愿的影响研究［J］. 经济管理，2010（2）.

［138］周志民，卢泰宏. 广义品牌关系结构研究［J］. 中国工业经济，2004（11）.

［139］周志民. 品牌关系研究述评［J］. 外国经济与管理，2007，29（4）.

［140］朱磊，朱峰. 企业危机管理预警系统的构建［J］. 中国软科学，2004（11）.

［141］朱延智. 企业危机管理［M］. 北京：中国纺织出版社，2003.

后记

长期从事品牌研究，见证了太多由于突发性事件导致知名品牌甚至强势品牌爆发危机，从而引起品牌受众恐慌、品牌关系陷入僵化，甚至发生暂时性或永久性关系断裂的真实案例。在信息技术高度发达的今天，企业辛苦建立起的品牌大厦有可能瞬间崩塌。品牌危机对于企业而言，并非偶然的不幸遭遇，而是普遍存在的现象。一些知名品牌已经能够认识到危机的普遍性，在增强危机意识的同时，努力地提升品牌危机管理技能。本书努力的方向就是为企业的品牌危机管理提供有益的帮助。

本书通过大量文献和资料的收集、整理，从品牌关系视角对危机管理作了深入的分析和探讨。首先，作者提出了基于关系视角的品牌危机内涵及其特质，对如何从关系视角更好地认识品牌危机提出了自己的观点。在此基础上，本书对品牌危机的演变过程进行了划分，对潜伏期、爆发期、恢复期三个阶段品牌关系质量的变化进行了实证研究，分别针对每个阶段对品牌危机的预防、应对和恢复的理论进行了系统的梳理，并提出了品牌关系视角的危机管理框架，试图从危机发生后品牌关系的维护、保护和修复三个方面为危机管理的理论和实践作出贡献。另外，本书还对品牌危机的影响因素进行了系统的梳理，目的是厘清复杂的危机情境下各个影响因素如何作用于品牌危机，帮助企业更好地进行危机中的品牌管理。希望本书可以为广大读者提供一个认识品牌危机的新视角，也期待依靠广大读者的智慧对本书不断修正和完善。

作　者

2011 年 5 月